Dr PAUL VIGNE
DERMATOLOGISTE
DES HÔPITAUX DE MARSEILLE

EXPOSÉ DES TITRES

ET

TRAVAUX SCIENTIFIQUES

EXPOSÉ DES TITRES

ET

TRAVAUX SCIENTIFIQUES

DU

Dr PAUL VIGNE

DERMATOLOGISTE DES HOPITAUX DE MARSEILLE

MARSEILLE
SOCIÉTÉ ANONYME DU SÉMAPHORE DE MARSEILLE
(ANCIENNE MAISON BARLATIER)
17-19, Rue Venture

1927

TITRES

TITRES UNIVERSITAIRES

Baccalauréat latin-sciences, juillet 1908.

Baccalauréat philosophie, juillet 1909.

Certificat d'études physiques, chimiques et naturelles. Faculté des Sciences de Dijon, 1910.

Docteur en Médecine de la Faculté de Lyon, août 1919.

Certificat d'Etudes de Dermatologie et de Syphiligraphie. Faculté de Médecine de Paris, 1919.

TITRES HOSPITALIERS

Externe des Hôpitaux de Dijon, concours 1911.

Fonction d'interne service de Dermatologie, Prof. Longin, 1911-1912.

Externe des Hôpitaux de Lyon, concours 1913.

Service de Clinique Dermatologique, Prof. Nicolas, 1913 et 1919.

Assistant du Laboratoire Darier à l'Hôpital Saint-Louis (Paris).

Médecin Dermato-Vénéréologiste des Hôpitaux de Marseille, concours 1922.

Médecin des Consultations Prophylactiques de l'Hôpital de la Conception.

Professeur de Dermato-Syphiligraphie à l'Ecole d'Infirmières des Hôpitaux de Marseille.

Chargé de l'Intérim aux Consultations de l'Hôtel-Dieu pendant la vacance de la chaire de Dermatologie (septembre et octobre 1922).

TITRES HONORIFIQUES

Membre titulaire de la Société Française de Dermatologie et de Syphiligraphie.

Délégué à la Conférence Internationale de la Lèpre, Strasbourg 1923.

Secrétaire des Séances au 11e Congrès des Dermatologistes et Syphiligraphes de Langue Française.

Membre correspondant de l'Association Française pour l'Etude du Cancer.

Membre actif de la Ligue Anglo-Franco-Américaine contre le Cancer.

Secrétaire général de la Ligue Provençale d'Action Prophylactique et Morale contre le Péril Vénérien.

Membre du Conseil d'Administration de la Ligue Nationale Française contre le Péril Vénérien.

Secrétaire général de la Société Marseillaise et Coloniale du Cancer.

Membre du Comité de Patronage du *Marseille-Médical*.

Membre du Comité Médical des Bouches-du-Rhône.

Membre de la Société de Médecine et d'Hygiène Coloniales.

SERVICES CIVILS HOSPITALIERS

Service de Dermato-Vénéréologie des Hôpitaux, depuis juin 1922.

Service sanitaire spécial des Filles publiques (Hôpital de la Conception).

Organisation du Dispensaire anti-vénérien de l'Hôpital de la Conception.

TITRES ET FONCTIONS MILITAIRES

Médecin aide-major de 1re classe, titre définitif.

Une blessure de guerre (octobre 1914).

Croix de guerre : 2 citations personnelles (Régiment), 4 citations collectives (2e groupe du 37e R. A. C.).

AFFECTATIONS SUCCESSIVES

Aux Armées : 53 mois.

Du 2 août 1914 au 1er octobre 1914, infirmier au 37e Régiment d'Artillerie (Sarrebourg, Mortagne).

Du 1er octobre 1914 au 9 octobre 1916, médecin auxiliaire au 37e Régiment d'Artillerie, 2e groupe (Saint-Mihiel, Mortmare, Eparges, Champagne, Somme).

Du 9 octobre 1916 au 9 octobre 1918, médecin aide-major de 2e classe, 37e R.A.C., 2e groupe (Four de Paris, Mont-Cornillet, seconde bataille de la Marne, Saint-Quentin, Guise).

Du 9 octobre 1918 au 16 août 1919, médecin aide-major de 1re classe.

A l'Intérieur : 7 mois.

Du 10 janvier 1919 au 16 août 1919, *Centre dermatologique de la XIVe Région*, Hôpital Desgenettes, Service du Professeur Nicolas.

LISTE GÉNÉRALE

DES

TRAVAUX SCIENTIFIQUES

1. **Note sur un cas de botryomycome.** — *Société des Médecins de la Côte d'Or*, janvier 1911.

2. **Note sur un cas de syphilis traitée par le Salvarsan.** — *Société des Médecins de la Côte d'Or*, janvier 1911.

3. **Le traitement de la syphilis par le mercure associé au novarsénobenzol** (Travail de la Clinique des Maladies cutanées et vénériennes de la Faculté de Lyon). *Thèse de Lyon*, 104 pages, août 1919.

4. **A propos du traitement de la sarcoïde de Boeck-Darier**, en coll. avec le Dr Civatte (Travail du Laboratoire de M. le Dr Darier). *Annales de Dermatologie et Syphiligraphie*, 1920, page 254.

5. **Les traitements récents des fibromyomes utérins.** — *Sud-Médical*, 15 février 1921.

6. **Sur quelques cas de parasitisme par rhipicephalus sanguineus (Latreille 1806)**, en coll. avec le Dr Pringault. — *Bulletin de la Soc. de Pathologie exotique*, 9 février 1921.

7. **Note sur un cas d'érythrodermie exfoliatrice généralisée**, en coll. avec le Dr Cassoute. — *Société de Pédiatrie*, 12 mars 1921.

8. **Présentation d'un monstre hémimèle, ectromèle et faucomèle**, en coll. avec les Drs Huguet et Gaultier. — *Comité Médical des Bouches-du-Rhône*, 15 mai 1921.

9. **A propos d'un cas d'érythrodermie des enfants à la mamelle**, en coll. avec le Dr Cassoute. — *Comité Médical des Bouches-du-Rhône*, 15 mai 1921.

10. **Note sur un cas de sporotrichose naturelle du rat**, en coll. avec le Dr PRINGAULT. — *Soc. Française de Dermatologie et de Syphiligraphie*, 15 juin 1921.

11. **Le traitement des angiomes par le radium.** — *Marseille-Médical*, 1er juillet 1921.

12. **A propos de la structure histologique d'un cas d'hémato-lymphangiome.** — *Soc. Française de Dermatologie et de Syphiligraphie*, 7 juillet 1921.

13. **La coloration vitale des tréponèmes**, en coll. avec le Dr PRINGAULT. — *Marseille-Médical*, 1er janvier 1922.

14. **Le radium en dermatologie.** — *Sud-Médical*, 15 janvier 1922.

15. **Appareil simple permettant de faire des coupes à la congélation avec un microtome Minot ordinaire**, en coll. avec le Prof. CHAUVIN. — *Marseille-Médical*, 1er mai 1922.

16. **Tétanos monoplégiques bénins et spasmes tétanoïdes**, en coll. avec le Prof. CHAUVIN. — *Progrès Médical*, juin 1922.

17. **Deux cas d'infantilisme génital**, en coll. avec le Prof. CHAUVIN. — *Comité Médical des Bouches-du-Rhône*, 9 juin 1922.

18. **Les traitements récents de la lèpre**, en coll. avec le Dr PRINGAULT. — *Communication au Congrès de la Santé*, Marseille, 12-16 septembre 1922.

19. **Wassermann et réaction de Gaté et Papacostas**, en coll. avec le Dr PRINGAULT. — *Marseille Médical*, 15 septembre 1922.

20. **Psoriasis et tuberculose**, en coll. avec M. MOUTTE. — *Comité Médical*, 6 octobre 1922.

21. **Papillomes multiples de la vulve**, en coll. avec M. MONGES. — *Comité Médical*, 21 octobre 1922.

22. **Quatre cas de boutons d'Orient**. Présentation de malades, moulages et de préparations microscopiques. — *Comité Médical*, 3 novembre 1922. *Congrès Colonial de la Santé*, 12 septembre 1922.

23. **Syphilis arseno et mercuro-résistante guérie par le bismuth**, en coll. avec M. MOUTTE. — *Comité Médical*, 10 novembre 1922.

24. **La famille histologique du cancer dans ses rapports avec les thérapeutiques modernes,** en coll. avec le Prof. Chauvin. — *Conférence au Comité Médical des Bouches-du-Rhône*, 22 décembre 1922.

25. **Un cas de sarcomatose généralisée hypodermique (type Perrin),** en coll. avec le Prof. Roger. — *Comité Médical*, 5 janvier 1923.

26. **Gomme sous-cutanée à leishmanias.** — *Soc. Franç. de Dermatologie*, 8 février 1923.

27. **Un cas de dermatite de Dühring,** en coll. avec M. Artaud. — *Comité Médical*, 2 février 1923.

28. **Le traitement des tumeurs cutanées.** — *Comité Médical*, 9 février 1923.

29. **Syphilome du testicule traité par le citrate de bismuth,** en coll. avec MM. Artaud et Cresson. — *Comité Médical*, 16 février 1923.

30. **Ulcus rodens de la vulve,** en coll. avec MM. Artaud et Gonnet. — *Comité Médical*, 16 mars 1923.

31. **Traitement de la leishmaniose cutanée par l'iodobismuthate de quinine,** en coll. avec le Dr Pringault. — *Soc. de Médecine Coloniale*, 12 avril 1923.

32. **Bouton d'Orient. Etude anatomo-pathologique et localisation des parasites,** en coll. avec le Dr Pringault. — *Annales de Dermatologie et Syphiligraphie*, 1924, pages 213 à 239.

33. **Un autre cas de bouton d'Orient.** — *Soc. de Médecine Coloniale*, 9 mai 1923.

34. **Traitement radiothérapique du bouton d'Orient.** — *Soc. d'Hygiène et de Médecine Coloniale*, 13 juin 1923.

35. **Compte rendu du Congrès du Cancer à Strasbourg.** — *Marseille Médical*, septembre 1923.

36. **Compte rendu du Congrès de Dermatologie et de Syphiligraphie de Strasbourg.** — *Marseille Médical*, septembre 1923.

37. **Un cas d'éléphantiasis nostras,** en coll. avec M. Bouvala. — *Soc. de Médecine Coloniale*, 14 décembre 1923.

38. **Les travaux récents sur la mélanose normale et pathologique à propos d'un cas de nævo-carcinome.** Conférence avec projections de microphotographies en couleurs au *Comité Médical*, 15 octobre 1923.

39. **Tumeur angiomateuse de la joue. Guérison par diathermie.** — *Comité Médical*, 5 octobre 1923.

40. **Deux cas de maladie de Recklinghausen**, en coll. avec MM. Villaret et Bouyala. — *Comité Médical*, 4 janvier 1924.

41. **Epithélioma spino-cellulaire de la lèvre guéri par la diathermie et la radiothérapie associées**, en coll. avec le Dr Darcourt. — *Comité Médical*, 12 octobre 1923.

42. **L'herpès récidivant et son traitement**. — *Montpellion*, 1er mars 1924.

43. **Quelques indications générales pour la radiothérapie des tumeurs**, en coll. avec le Prof. Chauvin. — *Pratique Médicale Française*, juillet 1924.

44. **Rapport sur la lèpre dans le Midi de la France** (Secrétaire de la Commission spéciale). *Conférence Internationale de la Lèpre*, Strasbourg 1923.

45. **Compte rendu de la IIIe Conférence de la Lèpre**. — *Marseille-Médical*, 1923, page 1154.

46. **Epithélioma spino-cellulaire à évolution extra-rapide**, en coll. avec Fournier et Clément. — *Comité Médical*, 16 octobre 1924.

47. **Exostoses ostéogéniques multiples**, en coll. avec le Dr Darcourt. — *Comité Médical*, 21 novembre 1924.

48. **Un cas de lichen plan aigu**, en coll. avec les Drs Fournier et G. Darcourt. — *Comité Médical*, 14 novembre 1924.

49. **Chancre spécifique de l'ombilic**, en coll. avec le Dr Darcourt. *Comité Médical*, décembre 1924.

50. **Phagédénisme chancrelleux**, en coll. avec le Dr Melchior Robert. — *Société de Médecine Coloniale*, 8 janvier 1925.

51. **Lymphogranulomatose inguinale subaiguë**. — *Société de Médecine Coloniale*, 8 janvier 1925.

52. **Un cas de vergétures rondes post-syphilitiques**, en coll. avec le Dr Fournier. — *Comité Médical*, 23 janvier 1925.

53. **Un cas de sclérodermie en plaques**, en coll. avec les Drs FOURNIER et R. IMBERT. — *Comité Médical*, 6 février 1925.

54. **Un cas de lèpre**, en coll. avec DARCOURT. — *Soc. de Médecine Coloniale*, 11 décembre 1924.

55. **Acquisitions récentes sur la lèpre depuis la dernière Conférence de Strasbourg.** — *Société de Médecine Coloniale*, 10 juin 1925. *Marseille Médical*, 1925, p. 1060.

56. **Hyperkératose géante par éléphantiasis variqueux**, en coll. avec le Dr FOURNIER. — *Comité Médical*, mai 1925.

57. **Epithélioma térébrant**, en coll. avec MM. FOURNIER et IMBERT. — *Comité Médical des Bouches-du-Rhône*, juillet 1925.

58. **Lymphogranulomatose inguinale subaiguë**, en coll. avec le Dr FOURNIER. — *Comité Médical*, 13 novembre 1925.

59. **Traitement du psoriasis par l'arsylène**, en coll. avec le Dr FOURNIER. — *Sud Médical*, 15 décembre 1925.

60. **Traitements généraux de bubons chancrelleux**, en coll. avec MM. FOURNIER et ACQUAVIVA. — *Sud Médical*, 15 décembre 1925.

61. **Etude critique et comparative des traitements généraux des bubons chancrelleux**, en coll. avec MM. FOURNIER et R. ACQUAVIVA. — *Annales de maladies vénériennes*, janvier 1926.

62. **Tuberculose de la langue**, en coll. avec le Dr COMBES. — *Comité Médical*, 19 février 1926.

63. **La lumière ultra-violette de Wood**. Ses propriétés, son intérêt diagnostique en pathologie oculaire et cutanée. — *Conférence avec expériences. Comité Médical*, 26 février 1926.

64. **Favus chez un nourrisson de trois mois**, en coll. avec le Dr FOURNIER. — *Soc. d'Hygiène et de Médecine Coloniales*, 11 mars 1926.

65. **Syphilis palmaire psoriasiforme simulant une trichophytie.** — *Soc. de Médecine Coloniale*, 11 mars 1926.

66. **Syphilis tertiaire de la joue**, en coll. avec le Prof. AUBARET. — *Soc. de Médecine Coloniale*, 11 mars 1926.

67. **Un cas de lèpre**, en coll. avec MM. Fournier et Plantevin. — *Soc. de Médecine Coloniale*, 15 avril 1926.

68. **Bouton d'Orient**. — *Soc. de Médecine Coloniale*, 15 avril 1926.

69. **Neurofibromatose de Recklinghausen**, en coll. avec le Dr Rottenstein. — *Comité Médical*, 30 avril 1926.

70. **La lumière de Wood en ophtalmologie**, en coll. avec le Prof. Aubaret. — *Comité Médical*, mai 1926.

71. **Trichophytie de la peau glabre**, en coll. avec le Dr Fournier. — *Comité Médical*, 4 juin 1926.

72. **Le traitement des lupus tuberculeux par les injections d'éther benzylcinnamique** (Jacobson), en coll. avec le Dr Fournier. — *IIIe Congrès des Dermatologistes de Langue française*. Bruxelles, juillet 1926.

73. **Emploi de la lumière de Wood dans le dépistage des teignes**. — *IIIe Congrès des Dermatologistes de Langue française*. Bruxelles, juillet 1926.

74. **Appareillage de curiethérapie pour épithélioma de la lèvre inférieure**. — *Société Marseillaise pour l'étude du cancer*, 15 décembre 1926.

75. **Direction d'un numéro spécial du « Marseille Médical » consacré à la dermato-vénéréologie**, 15 novembre 1926.

76. **Compte rendu du IIIe Congrès des Dermatologistes et Syphiligraphes de Langue française**. — *Marseille Médical*, 15 novembre 1926.

77. **La lumière de Wood dans le diagnostic des teignes**. — *Marseille Médical*, 15 novembre 1926.

78. **Un cas de réinfection syphilitique**. — *Comité Médical*, novembre 1926.

79. **La syphilis**. Conférences faites sous les auspices de la Ligue prophylactique et morale contre le Péril Vénérien, dans les Hôpitaux, au Dispensaire de la Croix-Rouge, à l'Association des Etudiants, au Grand Public (Cinéma Gaumont, à Marseille), 1924.

EN PREPARATION OU SOUS PRESSE

80. **Nouveau cas de Recklinghausen avec nevrome du cinquième nerf intercostal**, en coll. avec le Dr Benoit.

81. **Nouveaux cas de leishmanioses traités et guéris par l'iodobismuthate de quinine**, *pour la Société de Médecine Coloniale.*

82. **Le favus en lumière para-ultra-violette de Wood**, *pour la Société de Dermatologie.*

83. **Un cas d'actinomycose secondaire de la paroi abdominale**, en coll. avec le Dr W. Lauzun, *pour la Société Française de Dermatologie.*

84. **Lèpre achromique**, *pour la Société de Médecine Coloniale.* Séance de février 1927.

85. **Lèpre tuberculeuse**, en coll. avec le Dr Fournier, *pour la Société de Médecine Coloniale.* Séance de février 1927.

Collection de moulages en cire colorée.

Collection mycologique.

Collection de préparations d'anatomie pathologique dermatologique.

SERVICE DE DERMATO-VÉNÉRÉOLOGIQUE DES HOPITAUX
DE MARSEILLE

(HOPITAL DE LA CONCEPTION)

Le service de Dermato-Vénéréologie des Hôpitaux comprend régulièrement 120 lits : 60 réservés au Service Sanitaire spécial, 30 lits de dermatologie et vénéréologie hommes et 30 lits de dermatologie femmes.

Le service comprend en outre un laboratoire.

Le service sanitaire pour filles publiques soigne les femmes retenues par le service des mœurs.

Les affections les plus habituellement constatées sont les affections blennorragiques (métrite, vaginite, bartholinite), la syphilis et le chancre mou.

Des statistiques nous montrent la marche de ces affections depuis la guerre.

Les affections blennorragiques demeurent à peu près au même taux : 210 cas en moyenne sur 320 malades.

Le chancre mou est stationnaire : 70 cas en 1921, 55 en 1925, 52 en 1926.

La syphilis avec manifestations actives est dans l'ensemble en diminution nette : passant de 106 cas en 1921 à 36 cas en 1925, mais avec une légère augmentation cette année, 55 cas en 1926.

La gale est en voie de disparition, allant de 13 cas en 1921 à 2 cas en 1925.

CRÉATION ET ORGANISATION DU DISPENSAIRE ANTI-VÉNÉRIEN

DE L'HOPITAL DE LA CONCEPTION

Grâce à l'aide matérielle et morale que nous avons rencontré auprès de M. Vidal-Naquet, vice-président de la Commission des Hospices, et auprès de M. le Docteur Faivre, inspecteur général au Ministère de l'Hygiène, nous avons pu discuter et faire dresser par M. Huot, architecte des Hospices, les plans d'un Dispensaire Anti-Vénérien.

Celui-ci a été achevé et mis en service en octobre 1923. Le Dispensaire comporte :

Une salle d'attente.
Une salle de consultations.
Un laboratoire clinique.
Une salle pour petite urologie.
Une salle de traitements.

Le personnel comprend les deux médecins, un assistant pour la dermatologie, un assistant bénévole pour l'urologie, un interne, deux externes, une secrétaire, des infirmières.

Les heures de consultation et de traitement sont le mardi, jeudi et samedi soir, à 18 heures, et le dimanche matin, à 10 heures.

Les malades sont tous porteurs du carnet spécial modèle Pautrier et Payenneville, de plus au Dispensaire on conserve leur fiche clinique où se trouvent consignées leur observation et les étapes de leur traitement.

Des tableaux statistiques sont tenus à jour et nous ont montré une diminution sensible du nombre des syphilis actives, et le maintien à peu près constant du nombre des chancrelles et des blennorragies.

ANALYSE
DES
PUBLICATIONS DERMATOLOGIQUES

AFFECTIONS PARASITAIRES

Note sur un cas de sporotrichose naturelle du rat, avec M. Pringault. — *Société Française de Dermatologie et de Syphiligraphie*, 15 juin 1921.

Depuis la découverte en 1908, par de Beurmann et Gougerot du sporotrichum à l'état libre dans la nature, on n'en avait pas signalé en France de nouveaux cas.

Lutz et Splendore en ont observé quelques cas au Brésil lors d'une épidémie de peste.

Nous avons eu l'occasion d'en observer un cas sur un rat d'égout suspect de peste. Ce rat ne présentait à l'extérieur rien de particulier, ni mutilations de membres, ni bubons. L'autopsie montre une granulie aiguë généralisée à tous les viscères. Les ganglions sont tuméfiés mais non caséifiés.

L'examen microscopique ne montre ni bacilles de Yersin ni de Koch, mais de nombreux corpuscules ovoïdes. Ensemencés sur milieu de Sabouraud, les cultures donnent en deux semaines des colonies plissées, jaunâtres. Le microscope montre du sporotrichum. En repiquant les cultures, on obtient la pigmentation habituelle brun chocolat, qui n'est parfaite qu'après plusieurs repiquages.

Le développement spontané de la sporotrichose chez le rat, le cheval et le chien semble prouver que le sporotricum est très répandu dans la nature. D'ailleurs les morsures de rat ont été signalées comme moyen de transmission de la sporotrichose par Lutz et Splendore, puis par Jeanselme et Chevalier.

Sur quelques cas de parasitisme par rhipicephalus sanguineus, Latreille 1806, avec M. PRINGAULT. — *Société de Pathologie exotique*, 9 février 1921.

Les quelques cas observés par nous présentaient un prurit intense sans lésions cutanées, sauf des stries de grattage. Chez tous les malades on a trouvé des parasites qui appartiennent à l'espèce rhipicephalus sanguineus, que l'on rencontre assez souvent chez le chat et le chien. Le prurit était surtout intense le soir vers 6 heures. Il continua encore très fort, même après la disparition des parasites. Ce prurit a persisté plus d'un mois et demi et semble devoir être mis sur le compte de phénomènes toxiques. Certains auteurs pensent que la persistance du prurit est due à la présence dans le tégument du rostre de l'animal. Il n'en est rien, car dans les exemplaires examinés, les diverses pièces du rostre sont parfaitement intactes.

Trichophytie de la peau glabre, avec M. FOURNIER. — *Comité Médical*, 4 juin 1926. Présentation de malade.

Cette malade présentait sur le bras gauche un gros placard rond, avec une bordure très nette de squames et de fines vésicules. Le microscope et la culture indiquent un trichophyton cratériforme.

Un cas de teigne favique du nourrisson, avec M. FOURNIER. — *Société d'Hygiène et de Médecine coloniales*, 11 mars 1926. Présentation de moulage.

Il s'agit d'une fillette de trois mois. Le début remonte environ au 25ᵉ jour après la naissance. La présence de godets jaunes très nets impose le diagnostic de favus, confirmé d'ailleurs par les cultures.

Ce cas est particulièrement intéressant par la précocité de son apparition. Dans les faits analogues, d'ailleurs fort peu nombreux, on signalait la contamination par la mère elle-même atteinte de teigne favique. Dans notre observation, le père et la mère sont indemnes et nous n'avons pu retrouver dans l'entourage l'origine de la contagion.

Actinomycose secondaire de la paroi abdominale, avec le Dʳ W. LAUZUN. *En préparation pour la Société de Dermatologie.*

Il s'agissait d'un malade d'une quarantaine d'années qui présenta il y a un an, dans la fosse iliaque droite, une masse

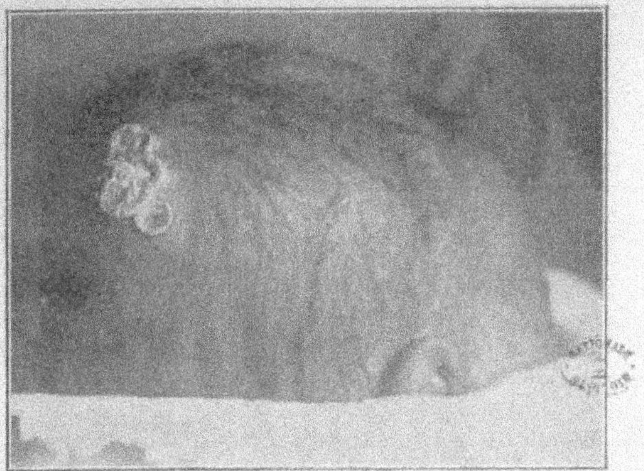

Fig. 1. — *Favus du nourrisson.*

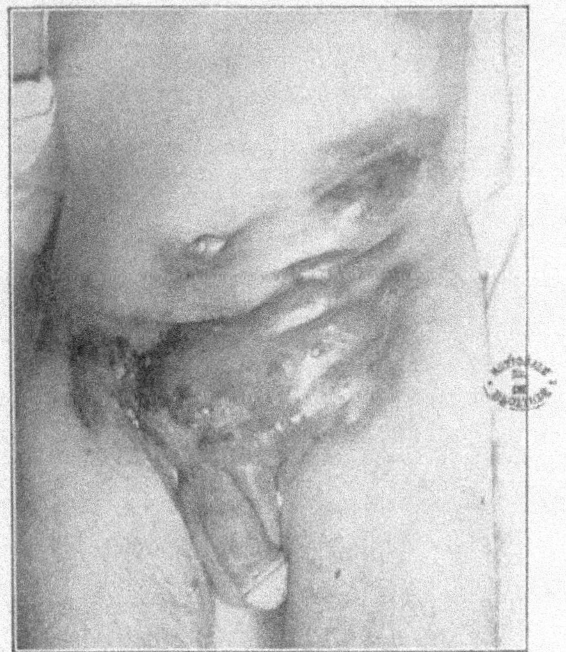

Fig. 2. — *Actinomycose secondaire de la paroi abdominale.*

assez volumineuse qui fit tout d'abord penser à une péricolite et même à une appendicite. Cette masse devint fluctuante et un chirurgien dut intervenir. Il s'écoula un pus peu lié et grumeleux.

A la suite de cette intervention l'état général du malade devint plus mauvais et il dut s'aliter. C'est alors qu'apparurent peu à peu sur la peau de l'abdomen des lésions indurées, violacées qui bientôt devinrent fluctuantes et s'ouvrirent en dehors par un certain nombre de perforations qui devinrent vite fistuleuses. Le pus ne tuberculisa pas le cobaye. Un traitement d'épreuve ne donna aucun résultat.

A notre premier examen, la presque totalité de la paroi abdominale est envahie par une lésion rouge violacée, fluctuante percée de nombreux orifices fistulisés. Le tout repose sur un gros gâteau induré qui remonte à gauche plus haut que l'ombilic. Ce gâteau a une dureté ligneuse et il présente en plusieurs endroits des points ramolis. Sur ces points fluctuants, on trouve une ou plusieurs fistules qui sont profondes, anfractueuses, à parois rougeâtres et à fond jaune. Certains de ces foyers descendent jusque sur les bourses.

Le pus est mal lié, grumeleux et l'examen, en l'écrasant entre deux lames, montre les grains jaunâtres. Ces grains colorés au Gram-Fuschine ont montré la struture caratéristique des grains actinomycosiques.

Il s'agit donc bien là d'un envahissement secondaire de la peau à la suite d'actinomycose peri-cæcale.

Emploi de la lumière ultra-violette de Wood pour le dépistage des teignes (voir page 86).

TUBERCULOSES CUTANÉES ET TUBERCULIDES

A propos du traitement de la sarcoïde de Boeck-Darier, avec le Dr Civatte (Travail du Laboratoire du Dr Darier). — *Annales de Dermatologie et Syphiligraphie*, 1920, p. 254.

Dès la première description de la sarcoïde de Bœck, on avait adopté pour elle la même étiologie bacillaire que pour la lupoïde de Darier, et jusqu'en 1914 on la considérait comme une tuberculide.

En 1913 et en 1914, Ravaut, puis Pautrier, reprenant la question, proposaient de considérer la sarcoïde comme un syndrome dont quelques formes pourraient être syphilitiques. Ils se basaient pour cela sur des Wassermann positifs et sur des guérisons survenues après des traitements spécifiques. C'était là évidemment une question intéressante à étudier.

Dans l'observation que nous apportons, il s'agit d'une femme de 26 ans, qui présentait sur le nez une lésion en forme de triangle, assez saillante, rouge foncé. Elle était composée de papules qui à la vitropression prenaient un aspect grisâtre. Le diagnostic porté est sarcoïde de Bœck. Le Wassermann est négatif. Trois intradermoréactions sont positives.

On fait trois injections de novarsénobenzol : 0 gr. 30, 0 gr. 45, 0 gr. 60. A la suite de la dernière injection, la lésion est apparemment cicatrisée.

Examens histologiques. — Une première biopsie est faite avant tout traitement. L'examen histologique montre un infiltrat de cellules épithélioïdes, entouré d'une mince couronne de cellules lymphoïdes. Ces infiltrats sont arrondis et inclus dans la charpente conjonctive-élastique. Ils siègent le plus souvent autour des follicules qu'ils envahissent et désorganisent parfois.

Dans une deuxième biopsie, faite après guérison apparente, on retrouve les mêmes foyers et en plus des points presque complètement caséifiés. Les foyers superficiels ont disparu.

A l'examen de ces faits, intradermoréactions positives, Wassermann négatifs avant et après le traitement, guérison trop rapide ; il nous a semblé qu'il n'était pas possible de conclure que la sarcoïde soit de nature syphilitique ; la guérison, quand on l'obtient, n'est pas anatomiquement complète comme elle le serait dans une lésion spécifique.

Tuberculose de la langue, avec le Dr Combes. — *Comité Médical,* 19 février 1926.

Ce cas de tuberculose de la langue était particulièrement intéressant par l'aspect très particulier de la lésion située sur le côté droit de la langue, lésion très peu ulcérée, peu douloureuse et reposant sur une base indurée qui, au premier abord, faisait penser à un épithéliome.

Une biopsie montra la structure classique de l'ulcère tuberculeux reposant sur une base très dense de cellules lymphoïdes.

Traitement des lupus tuberculeux par l'éther benzylcinnamique, avec le Dr A. Fournier. — *IIIe Congrès des Dermatologistes de langue française.* Bruxelles, juillet 1926.

C'est en 1921 que Tzanck, puis Jacobson (1922) apportèrent à la Société de Dermatologie un certain nombre de cas de lupus tuberculeux guéris par les injections d'éther benzylcinnamique.

Pendant deux années, nous nous sommes attachés à traiter par cette méthode un certain nombre de ces malades. Dans ce travail, nous apportons 10 observations très complètes de malades ayant pu être suivis longtemps.

La plupart présentaient des lupus étendus et rebelles aux médications ordinaires. L'éther benzyl-cinnamique a été employé en injections intramusculaires quotidiennes, formant des séries d'une dose totale de 20 à 25 centicubes. Les doses étaient progressives commençant à 1 cc. pour monter jusqu'à 3 cc. Ces injections sont indolores et ne nous ont occasionné aucun ennui.

De l'étude de ces observations on peut conclure :

1° Que, dans toutes nos observations, *l'état général et moral des malades a été nettement amélioré,* quelquefois d'une façon exceptionnelle ;

2° Que, employé seul, ce traitement n'a amené qu'une amélioration extrêmement lente ;

3° Que, *employé concurremment à des pratiques de petite chirurgie*, telle que scarifications ou ignipunctures, *il permet d'arriver plus rapidement et plus complètement à la réduction des parties végétantes et à la cicatrisation des lupômes.*

Il semble que l'on doive considérer ce traitement comme un excellent traitement de fond du lupus tuberculeux, hâtant très nettement la cicatrisation des lésions.

DERMATOSES DIVERSES

Psoriasis

Psoriasis et tuberculose, avec M. Moutte. — *Marseille Médical*, 1922, page 1009.

Malgré les diverses théories qui ont été proposées, l'étiologie du psoriasis reste encore extrêmement obscure. Suivant la revue générale de Bory, on doit distinguer le psoriasis-maladie et le psoriasis-syndrome. Le psoriasis-maladie est pour Bory une véritable entité morbide de nature infectieuse. A côté de cette théorie infectieuse vient se placer la théorie tuberculeuse. Evidemment, les tests habituels de la tuberculose font défaut, mais cependant il est indéniable que l'analogie est grande entre les arthropathies psoriasiques et le rhumatisme tuberculeux de Poncet.

Dans l'observation que nous présentons, il s'agit d'un psoriasis très étendu datant de 19 ans. Sur le tégument on découvre cinq cicatrices d'abcès froids.

La malade est sujette à des rhumes fréquents ; elle a présenté des abcès froids, et depuis cette époque elle présente des fluxions articulaires douloureuses aux genoux, coudes et poignets.

C'est cinq ans après la dernière fistule qu'apparaît le psoriasis qui, en trois mois, se généralise à tout le tégument. Un fait intéressant à noter est que, au cours d'une grossesse, le psoriasis disparut complètement et reparut soudainement et avec une grande intensité quinze jours après l'accouchement.

L'examen pulmonaire ne montre que des vibrations légèrement exagérées à la palpation des sommets.

En résumé, il s'agit là d'un psoriasis généralisé chez une ancienne bacillaire qui a présenté vraisemblablement du rhumatisme articulaire de Poncet. Peut-on conclure à l'origine tuberculeuse de ce cas ?

Contribution au traitement du psoriasis par l'arsylène, avec A. Fournier. — *Sud Médical et Chirurgical,* 15 décembre 1925.

Le psoriasis, dont le principal symptôme est, comme le dit Audry, de « revenir toujours », est une des dermatoses les plus rebelles à guérir, tout au moins définitivement. Un grand nombre de thérapeutiques générales ont été tentées dans ce but, mais en l'absence d'une connaissance précise de l'étiologie, les résultats en ont toujours été très inconstants.

Parmi ces traitement généraux, c'est l'arsenic qui semble avoir donné des résultats les moins irréguliers.

L'arsylène est un composé arsenical d'emploi commode, non toxique. C'est le nom spécialisé de l'allylarsinate monosodique. C'est une poudre blanche, soluble dans l'eau, qui contient 40 % d'arsenic.

C'est Culty qui, en 1923, a appliqué ce traitement sur quatre cas de psoriasis et il avait noté, sinon des guérisons, tout au moins des améliorations très intéressantes.

Nous avons soumis dans notre service de l'hôpital de la Conception un certain nombre de cas de psoriasis, à ce traitement. Nous avons utilisé une solution d'arsylène à 10 cgr. par cmc., injections intraveineuses à doses progressives de 1 cmc. à 6 cmc., faites tous les jours.

Nous avons ainsi traité huit cas. Nous avons observé trois guérisons complètes qui se maintiennent depuis plus de six mois, deux guérisons presque complètes, deux améliorations partielles et un insuccès.

La tolérance au médicament a été parfaite, il ne faut pas dépasser 6 cmc.

Les résultats obtenus sont très encourageants et nous utilisons régulièrement l'arsylène comme traitement général des psoriasiques.

Divers

A propos d'un cas d'érythrodermie exfoliatrice généralisée des enfants à la mamelle, avec le Dr Cassoute. — *Marseille Médical,* 15 mai 1921. *Société de Pédiatrie,* 15 mars 1921.

Il s'agissait d'un nourrisson nourri au sein qui, 15 jours après sa naissance, présenta un érythème fessier. La peau était rouge luisante. Ces lésions se généralisèrent en trois semaines à tout le tégument sauf aux paumes des mains et aux plantes des pieds. La peau est rouge, recouverte de squames qui se détachent en grands placards et se renouvellent sans cesse. L'état général n'est pas mauvais ; Wassermann mère et enfant négatifs. Guérison complète en un mois avec des compresses imbibées de liniment oléo-calcaire.

Il s'agit là d'un cas type de l'érythrodermie exfoliatrice des enfants à la mamelle, qui avait été observée pour la première fois par Ritter von Rittersheim à Prague. Depuis, cette dermatose a fait l'objet d'un certain nombre de travaux. Elle est assez connue sous le nom de syndrome de Leiner-Moussous. Comby en put recueillir 35 cas en 1918. On voit que cette affection n'est pas une maladie très rare. Elle semble plus fréquente chez les garçons que chez les filles. On note toujours le point de départ fessier et la coexistence de lésions ou de terrain séborrhéiques.

Un cas de lichen plan aigu généralisé, avec MM. Fournier et Darcourt. — *Comité Médical*, 14 novembre 1924.

Ce cas est intéressant par la très grande généralisation de l'affection. L'éruption présente les caractères habituels du lichen de Wilson avec de très belles stries de Wickham.

Cette éruption est généralisée et ne laisse indemne que la poitrine, la face et le cou. Il n'y a pas de lésions des muqueuses buccales. Elle a été complète en cinq semaines et est survenue à la suite d'un gros chagrin.

La malade avait reçu, avant d'être examinée par nous, trois applications de rayons X sur la région lombaire sans aucun résultat. Il est possible que la radiothérapie donne un coup de fouet à la maladie. Nous avons observé ce fait deux autres fois.

Un cas de dermatite de Dühring, avec M. Artaud. — *Comité Médical*, 2 février 1923.

C'est un cas tout à fait classique de la dermatite polymorphe douloureuse de Brocq, avec son polymorphisme des lésions tantôt érythémateuses, vésiculeuses ou bulleuses.

L'affection est très douloureuse et remonte à deux ans. Elle a évolué par poussées successives avec périodes d'accalmie, mais sans rémissions complètes.

Le liquide des bulles contenait des leucocytes en grand nombre, la plupart éosinophiles.

L'herpès récidivant et son traitement. — *Le Mont Pelion,* mars 1924.

Simple revue générale sur les théories pathogéniques de l'herpès récidivant et sur les expériences récentes d'inoculation au lapin.

Indications et discussion des traitements dits généraux de l'herpès par les méthodes de désensibilisation.

Un cas de sclérodermie en plaques, avec le Dr Fournier et R. Imbert. — *Comité Médical,* 6 février 1925.

Cette malade présentait, dans les régions ombilicale et sous-ombilicale, une plaque de la dimension d'une paume de main, à contours diffus. L'aspect est d'un blanc nacré piqueté de fines télangiectasies. Cette plaque a débuté il y a cinq ans et est apparue spontanément sans plaie apparente.

Autour de la plaque, on constate un cercle brunâtre d'un centimètre et demi de largeur, qui représente le lilac-ring.

La consistance est très dure. La malade est enceinte et la dureté de la paroi abdominale qui ne se distendra pas facilement pourra, peut-être de ce fait, être une cause de dystocie.

Eléphantiasis nostras ulcéré de la jambe, avec M. Bouyala. — *Société de Médecine Coloniale,* 14 décembre 1923.

Cas intéressant en particulier par l'énormité des lésions. La jambe est dans un état pitoyable : énorme, bourgeonnante, avec un gros placard d'ulcère variqueux qui en fait tout le tour, anfractueux et purulent.

Hyperkératose géante sur éléphantiasis variqueux, avec M. Fournier. — *Comité Médical,* 8 mai 1925.

Il s'agissait d'un malade ancien variqueux et phlébitique. Soigné dans un service de chirurgie, pour de vastes ulcères variqueux, par incision circulaire, il avait vu ses ulcères se combler et guérir. L'intervention eut pour effet d'amener un œdème lymphatique de la jambe. Un an après apparut une hyperkératose qui s'accrut en épaisseur et recouvrit bientôt toute la superficie de la jambe.

Actuellement, la jambe est recouverte d'une épaisse carapace kératosique de plus d'un demi-centimètre d'épaisseur. La surface est rugueuse, creusée de sillons profonds, réalisant un quadrillage en damier.

Maladie de Recklinghausen

Deux cas de maladie de Recklinghausen, avec MM. Villaret et Bouyala. — *Comité Médical,* 4 janvier 1924.

Neurofibromatose de Recklinghausen, avec le Dr Rottenstein. — *Comité Médical,* 30 avril 1926.

Nouveau cas de maladie de Recklinghausen avec névrome du cinquième nerf intercostal, avec le Dr Benoit. *En prép. pour le Comité Médical.*

Les cas de neurofibromatose observés présentaient les symptômes habituels : taches pigmentaires, tumeurs mollasses, tumeurs des nerfs.

Le cas observé avec Rottenstein montrait une grosse tumeur royale en forme de dermatolyse du cou.

Celui, vu avec Benoît, de très nombreuses petites tumeurs molluscoïdes disséminées sur tout le tégument, et une tumeur allongée d'une longueur de 13 centimètres située dans le 9e espace intercostal gauche et correspondant au nerf intercostal. Dans ce dernier cas, on ne pouvait noter aucune déficience de l'état psychique ou mental, le jeune malade, âgé de 14 ans, étant intelligent et toujours le premier à l'école.

LEISHMANIOSE CUTANÉE

Etude clinique

Quatre cas de boutons d'Orient. Présentation de malades, de moulages et de préparations microscopiques. — *Comité Médical*, 3 novembre 1922. *Congrès Colonial de la Santé*, 12 septembre 1922.

Un autre cas de bouton d'Orient. — *Soc. d'Hygiène et de Médecine Coloniale*, 9 mai 1923.

Bouton d'Orient, avec le Dr Fournier. — *Soc. de Médecine Coloniale*, 15 avril 1926.

Par suite de l'émigration arménienne, un grand nombre de réfugiés arméniens envahirent Marseille en 1922 et en 1923. Ces émigrés avaient pour destination définitive les Etats-Unis d'Amérique, mais un filtrage sévère par le Consulat américain ne permettait pas à tous de s'embarquer pour le nouveau Continent. C'est ainsi que furent arrêtés un grand nombre de trachomateux et quelques sujets porteurs de boutons d'Orient.

Nous avons donc eu l'occasion d'observer pendant de longs mois des cas de leishmaniose cutanée.

Certains de ces malades portaient des boutons typiques dans la sérosité desquels il fut facile de retrouver les leishmanias.

Une des malades présentait un très gros bouton sur la joue droite (Fig. 3).

C'est une tumeur oblongue de 5 cmc. sur 3, recouverte d'une peau vernissée, rouge violacé. La partie centrale est ulcérée et recouverte d'une croûte.

Un autre cas très intéressant était celui d'une malade de 36 ans, qui présentait sur la peau et en particulier sur le bras des lésions de leishmaniose de grosseurs différentes et de stades différents. Ces lésions allaient de la « piqûre de puce » au bouton classique avec ses trois zones concentriques (Fig. 4) et au stade terminal cicatriciel sur le poignet gauche (Fig. 5).

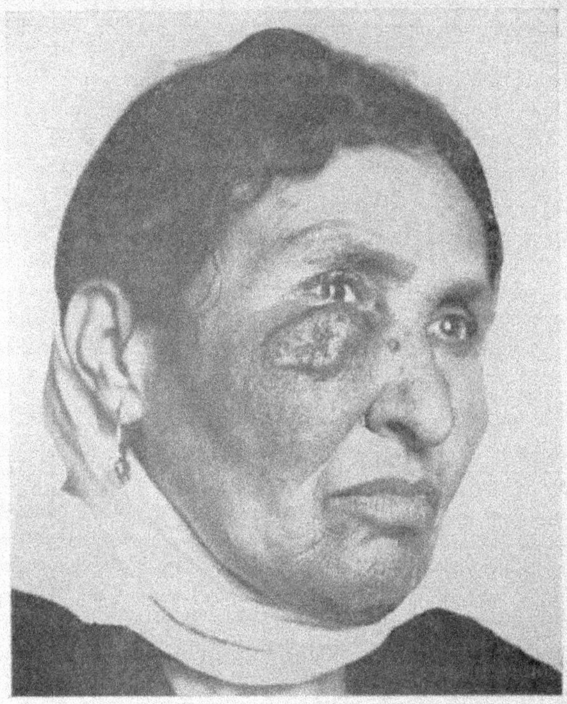

FIG. 3. — *Bouton d'Orient du visage.*

Période d'état. Couleur rouge violacée.
Au centre, ulcération couverte d'une croûte brunâtre.

Un autre cas montrait une lésion du nez d'aspect classique. A noter chez cette malade qu'elle était à Marseille depuis deux ans, venant d'Alep, quand apparut son bouton. Le microscope montre des leishmanias tropicas. Ce cas tire son intérêt particulièrement par sa forme atténuée et torpide ainsi que par sa durée d'incubation longue, dépassant largement les durées habituellement admises.

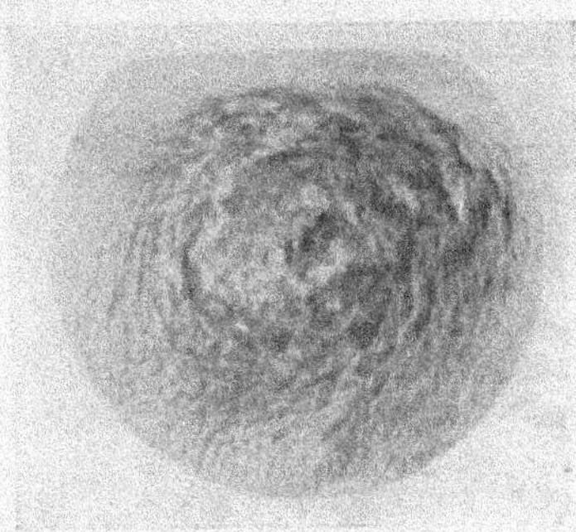

FIG. 4. — *Bouton d'Orient typique du coude.*

Période d'état. On distingue nettement les trois zones concentriques et l'ulcération centrale où pullulaient les leishmanias.

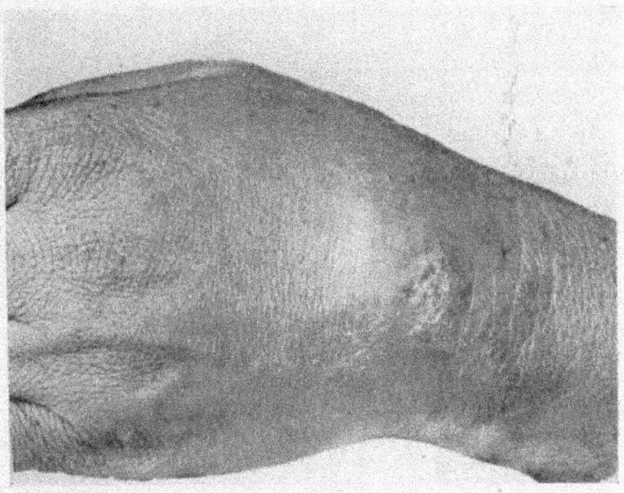

FIG. 5. — *Bouton d'Orient du poignet en voie de cicatrisation.*

Étude anatomo-pathologique

Gomme sous-cutanée à leishmanias. — *Soc. Française de Dermatologie*, 8 février 1923.

Bouton d'Orient. Étude histologique et localisation des parasites, avec E. Pringault. — *Annales de Dermatologie et de Syphiligraphie*, tome v, n° 4, avril 1924.

Il nous a été possible chez nos malades, et en particulier sur celle qui présentait sur le bras de si nombreux boutons

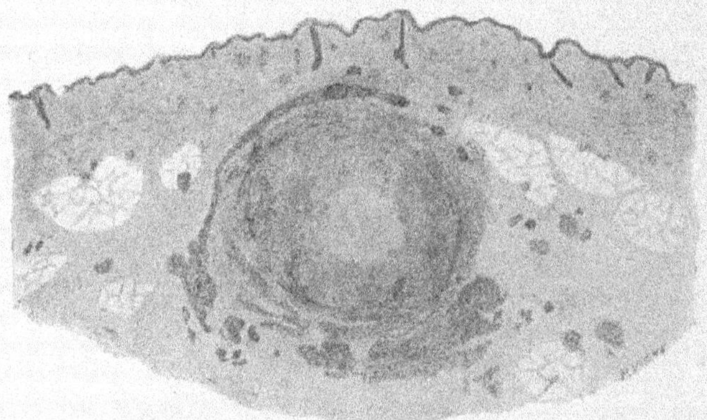

Fig. 6. — *Gomme sous-cutanée.*

Couronne de cellules lymphoïdes.
Partie moyenne formée d'épithélioïdes avec cellules géantes.
Au centre, partie nécrosée et presque amorphe.
Les parasites sont particulièrement nombreux dans la partie moyenne.

d'Orient, de faire 14 biopsies, dont l'étude anatomo-pathologique et parasitologique fit l'objet de ces deux travaux.

Nous nous trouvâmes en possession de 10 boutons au stade de début, d'une grosseur variant de 1 millimètre à 6 millimètres, d'un bouton sous-cutané (gomme à leishmanias), d'une biopsie du bord de la lésion représentée fig. 4, et d'une biopsie du bord du bouton de la face (Fig. 3).

Les pièces, surtout celles des petits boutons, ont été enlevées aussi largement que possible. Les fixations ont été le Zenker, le Bouin et le Van Gehuchten.

Les colorations ont été les diverses hématéines, les trichromiques Masson, le Van Gieson, etc...

Nous donnons dans le travail publié dans les *Annales de Dermatologie*, le protocole détaillé des 14 biopsies.

Ce qui frappe dans l'étude de ces coupes, c'est la présence constante dans le derme de nodules qui, par leur constitution

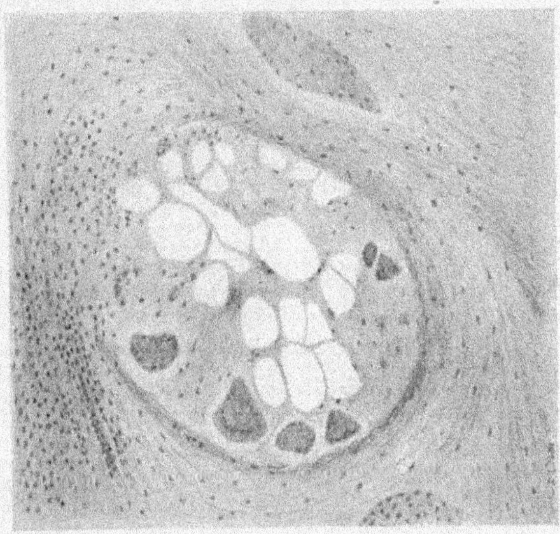

Fig. 7. — *Nodule situé dans le tissu cellulaire lache.*

cytologique, rappelle assez ce qui a été décrit dans le nodule tuberculeux. On retrouve une ceinture quelquefois incomplète de cellules lymphoïdes, entourant une partie centrale plus claire de cellules épithélioïdes. Les plasmatzelles y sont rares, les matzelles absents.

On y trouve, en général, des cellules géantes soit ébauchées, soit la plupart du temps typiques.

La gomme sous-cutanée (Fig. 6) est un exemple de cet infiltrat bien localisé.

Ces nodules, assez disséminés dans le derme, dépassent rarement en profondeur la zone des glandes sudoripares ; généralement séparés par des tractus conjonctivo-fibreux, ils se réunissent peu à peu pour former le granulome central.

Le granulome est donc constitué par un agglomérat de ces nodules élémentaires. Aux points les plus parasités, on trouve un grand nombre de grosses cellules à protoplasme abondant et bourrées de leishmanias.

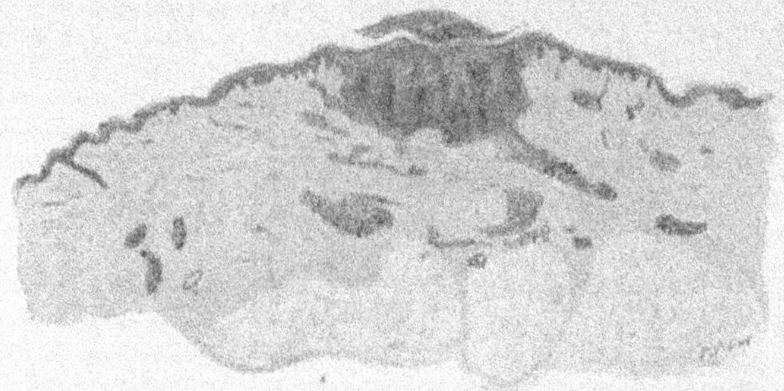

Fig. 8. — *Bouton d'Orient.* Stade de début × 13.

Cliniquement, ce bouton se présentait comme une piqûre de puce.

L'épiderme est aminci au niveau du bouton, il est recouvert par une croûte séro-fibrineuse.

Le granulome formé de cellules rondes et de cellules épithélioïdes ne renferme pas de cellules géantes.

Infiltration assez importante autour des vaisseaux et des glandes sudoripares.

Les parasites, peu nombreux, se trouvent au-dessous de la croûte, au centre du bouton.

Ces grosses cellules sont constantes dans le granulome, mais manquent en général dans les nodules primitifs. Quelques cellules conjonctives s'hyperplasient et se remplissent de parasites.

Evolution anatomique du Bouton d'Orient

L'étude de ces coupes, portant sur des lésions d'âges différents, nous permet de comprendre l'évolution anatomique du bouton.

Le granulome primitif peut s'étendre en nappe sous le derme ou même s'entourer d'une coque résistante, se nécroser au centre pour former une véritable gomme (Fig. 6).

Dans le cas le plus fréquent, les lésions évoluent au contraire vers l'extérieur, et donneront peu à peu l'aspect clinique du bouton. Le nodule primitif, en se développant, atteint l'épiderme qui se trouve dissocié par étirement et par la désorganisation produite par les cellules migratrices. La nutrition de cet épithélium se fait mal, la granuleuse disparaît et il se produit de la parakératose qui explique les squames blanchâtres qui entourent le bouton. Peu à peu, l'épithélium s'amincit puis se déchire, mettant à nu le granulome, et l'ulcération est constituée (Fig. 8, 9 et 11).

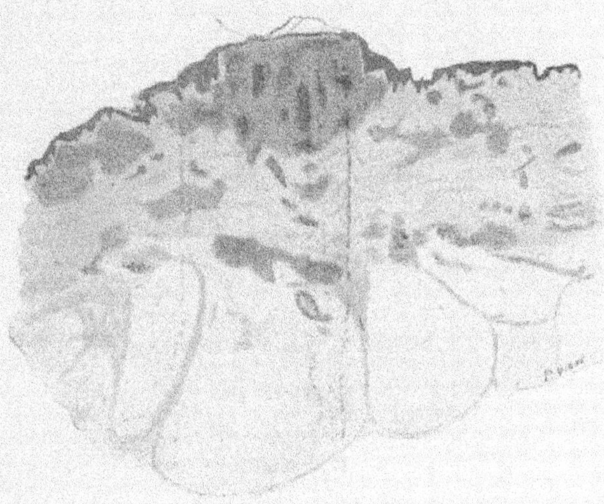

FIG. 9. — *Bouton d'Orient.* Stade de début mais un peu plus avancé × 7.

Dimensions macroscopiques 5 millimètres de largeur sur 2 millimètres de hauteur.

Epiderme aminci. Granulome formé des mêmes cellules mais inégalement disposées et formant des espaces alternativement clairs et obscurs.

Autour et au-dessous de ce granulome central, formations nodulaires avec au centre des cellules géantes (voir fig. suivante).

Vaisseaux infiltrés.

Parasites nombreux, occupant toujours le centre de la lésion

C'est seulement quand l'ulcération est constituée depuis déjà assez longtemps qu'apparaissent les réactions hyperacanthosiques de l'épithélium, si bien décrites par le Professeur Jeanselme, et que nous retrouvons dans nos dernières biopsies (Fig. 12).

Les follicules pileux manquent au niveau des lésions, les glandes sudoripares sont intactes.

Les vaisseaux sont absents dans le granulome, mais tout à fait en surface on en trouve quelques-uns dilatés et gorgés de sang.

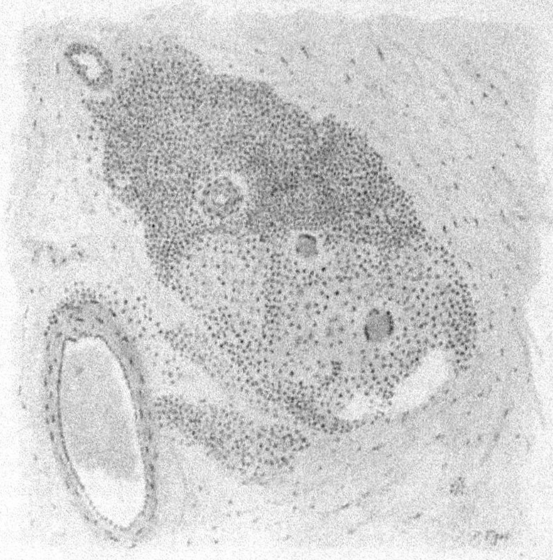

FIG. 10. — *Bouton d'Orient.* Même préparation que la figure précédente. *Détail d'une formation nodulaire périphérique.* × 170.

On distingue nettement deux zones, l'une plus sombre formée de cellules embryonnaires, une autre, inférieure, plus claire, formée de cellules épithélioïdes. Au centre, deux cellules géantes typiques.

A gauche et en bas, un vaisseau dilaté.

Cette étude anatomo-pathologique portant sur des lésions d'âge très divers, nous a permis de compléter les notions précédemment admises sur l'histo-pathologie du bouton d'Orient, les précédents travaux ayant tous porté sur des lésions en pleine période d'état.

Recherche des parasites. — Leur répartition dans les lésions

Nos pièces avaient toutes été fixées par moitié dans le Zenker, qui est le fixateur de choix pour la recherche des leishmanias.

Nous avons effectué des colorations variées : hématoxyline ferrique, Giemsa, May-Grünwald-Giemsa. Mais ce qui nous a

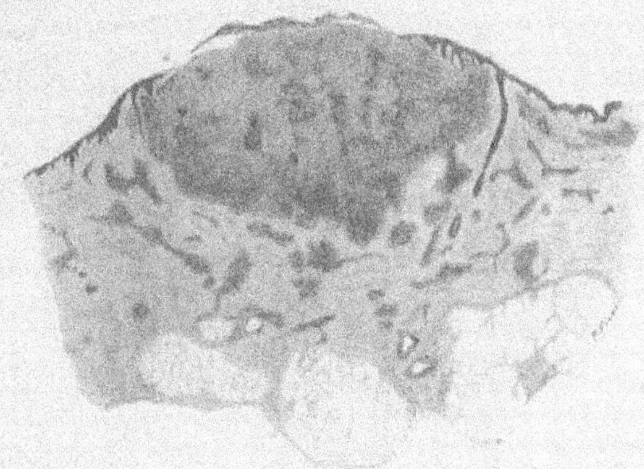

Fig. 11. — *Bouton d'Orient* à un stade plus avancé. × 7.

Dimensions : 7 millimètres de largeur sur 3 millimètres de hauteur.

L'épiderme, très aminci, a disparu et l'ulcération est constituée. Elle est recouverte par un mince enduit.

De part et d'autre du bouton apparaît un peu d'acanthose et de papillomatose.

Le granulome central est très important. Il est toujours formé de cellules rondes, de cellules épithélioïdes et de macrophages.

Tout autour s'essaiment des formations folliculaires avec une ou plusieurs cellules géantes.

Les leishmanias sont ici très nombreuses, elles sont pour la plupart intracellulaires ou incluses dans les gangues. Elles sont surtout en nombre considérable sous la croûte et au centre du bouton ; leur nombre décroît à mesure que l'on se rapproche de la périphérie. Elles sont très rares dans les follicules.

donné les résultats les plus constants pour l'étude de la répartition des parasites, et non pas pour l'étude du parasite lui-même, dont nous n'avions pas à nous occuper, a été la coloration à l'hématéine acide, après mordançage à l'alun de fer de 10 minutes, en ayant soin de différencier sérieusement à l'alcool acide. Avec cette coloration, il est évident que l'on ne voit pas le protoplasme du parasite, par contre son noyau et son kariosome sont parfaitement visibles. De ce fait, cette coloration est très commode et d'une grande sûreté.

Tout à fait au début, quand la lésion n'est formée que d'un agglomérat très petit et peu compact des follicules primitifs (Fig. 8), les parasites sont rares, libres ou réunis par deux dans des gangues. Il n'y a pas de grands mononucléaires parasités.

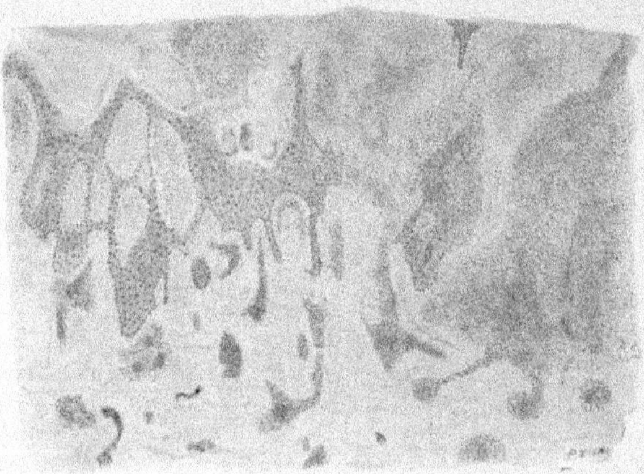

Fig. 12. — *Bouton d'Orient* à la période d'état. Bouton du coude. × 7.

A gauche, l'épiderme a proliféré et présente une hyperacanthose très marquée. Cette extrémité correspond au bourrelet périphérique. A droite on ne trouve que des îlots de tissu épithélial. A la périphérie, mêmes nodules à structure folliculaire.

Parasites nombreux, libres dans la partie hématique de la surface de l'ulcération. Il n'y en a pas dans l'îlot épithélial inclus dans le granulome.

Mais, dès que la coupe montre des lésions compactes, en train d'évoluer vers l'épiderme, les parasites sont alors nombreux. Ces parasites sont rarement isolés, on les trouve soit dans des gangues, par 5, 10 ou 20, soit le plus souvent inclus dans les grandes cellules.

Les premières couches superficielles en contiennent peu, puis brusquement, sans transition, apparaissent en grand nombre les cellules parasitées et les parasites.

Le centre de la lésion est littéralement bourré de leishmanias. Sur les 14 boutons que nous avons pu étudier, *nous avons observé d'une façon constante que, au fur et à mesure que l'on s'avance vers la profondeur ou vers la périphérie du granulome, on voit diminuer les cellules parasitées et les parasites inclus.*

Les parasites sont extrêmement rares dans les formations nodulaires.

Dans les coupes de lésions largement ulcérées, les parasites sont extrêmement nombreux, et dans le liquide sous-jacent à la croute, on trouve beaucoup de parasites libres provenant de l'éclatement des cellules parasitées. Ici encore, en allant vers la profondeur, leur densité diminue rapidement.

Dans les travaux classiques sur la répartition des parasites, on lit que ceux-ci sont surtout nombreux à la périphérie du bouton. Après l'étude détaillée de nombreuses coupes en séries, nous croyons devoir conclure que cette répartition ne peut être qu'exceptionnelle, ne l'ayant jamais observée dans nos préparations.

Nous sommes d'accord avec les différents auteurs sur l'augmentation du nombre de parasites avec l'ancienneté de la lésion.

Traitement du Bouton d'Orient

Traitement radiothérapique du bouton d'Orient — *Soc. de Médecine et d'Hygiène Coloniale*, 13 juin 1923.

Traitement de la leishmaniose cutanée par l'iodobismuthate de quinine, avec le Dr Pringault. — *Soc. de Médecine et d'Hygiène Coloniale*, 11 avril 1923.

Nouveaux cas de leishmanioses traités et guéris par l'iodobismuthate de quinine, *pour la Soc. de Médecine coloniale*.

Nous avons obtenu d'excellents résultats sur un bouton datant de trois mois par le traitement radiothérapique. Nous avons pratiqué deux séances : la première avec des rayons mous (IV Benoit) et 3 H ; la seconde avec un filtre de 2/10 d'aluminium et 2 H. La cicatrisation a été obtenue en un mois.

Nous avons également traité deux malades assyriennes par l'iodobismuthate de quinine. Ces malades avaient reçu déjà huit injections à doses croissantes de novarsénobenzol sans résultat.

La cicatrisation des lésions a été obtenue par 15 injections dans le premier cas ; 20 dans le deuxième. La guérison s'est maintenue après cinq mois.

Depuis, nous avons guéri deux autres cas de bouton par les injections d'iodobismuthate de quinine (15 injections dans les deux cas).

Ce traitement est très intéressant car le médicament n'est pas douloureux, très rapidement efficace et de plus se trouve facilement dans les services de dermatologie.

LÈPRE

ÉTUDE CLINIQUE

Un cas de lèpre, avec DARCOURT. — *Soc. de Médecine et d'Hygiène Coloniale*, 11 décembre 1923.

Un cas de lèpre, avec FOURNIER et PLANTEVIN. — *Soc. de Médecine Coloniale*, 15 avril 1926.

Lèpre achromique, *en préparation pour la Soc. de Médecine Coloniale.* (Séance de février 1927).

Rapport sur la lèpre dans le midi de la France. Secrétaire de la Commission spéciale. — *Conférence internationale de la lèpre*, Strasbourg 1923.

La situation géographique de Marseille nous a permis d'observer un assez grand nombre de cas de lèpre tant dans notre service de dermatologie, à l'hôpital de la Conception, que dans le service militaire colonial dirigé par le Professeur Raynaud.

Quelques-uns de ces cas particulièrement intéressants ont été publiés à la Société de Médecine Coloniale.

L'un d'eux avait trait à une jeune Française de 17 ans ayant passé son enfance à Madagascar. C'est une lèpre mixte avec des tubercules disséminés sur tout le tégument et des zones rubanées d'anesthésie (Fig. 13).

Nous avons fait à cette malade deux séries d'éparséno sans aucun résultat.

Un autre cas concerne un nègre de 29 ans, venu en 1916 de la Guinée française sur le front français. Ce n'est qu'en 1923 qu'apparurent les premiers tubercules sur les épaules. Quand nous l'examinons, il ne présente que des tubercules et quelques points achromiques sur le bras gauche et sur le 1/3 inférieur de la cuisse, où le malade éprouve des sensations de cryesthésie douloureuse.

La topographie de la sensibilité est intéressante. Dans la figure 14 on voit que cette anesthésie est complète en des points symétriques et en particulier affecte la forme thoracique ce qui est peu fréquent dans la lèpre. A noter aussi deux zones symétriques d'hypersensibilité. Les nerfs étaient hypertrophiés, en particulier les cubitaux et les cruraux.

Un cas actuellement à l'étude est celui d'un jeune nègre qui ne présente comme symptômes de maladie de Hansen que des taches achromiques et anesthésiques du pied. Du côté droit, le crural et le cubital sont très tuméfiés. Cette variété de lèpre rentre dans les cas appelés par Perrin, nègres pies. Hansen positif dans le mucus nasal.

**

A l'occasion de la IIIe Conférence internationale de la Lèpre à Strasbourg, en juillet 1923, nous fûmes chargés par la Société de Médecine et d'Hygiène Coloniale, comme secrétaire de la Commission spéciale, de préparer et de présenter à la Conférence un rapport sur différentes questions intéressant la lèpre.

Répartition des foyers de lèpre dans le Midi de la France

Dans cette étude il faut faire une distinction entre les cas de lèpre autochtone et les cas de lèpre d'importation.

1° Lèpre autochtone. — D'une façon générale, il semble que les cas autochtones soient en diminution, pour ne pas dire en voie de disparition.

En 1900, MM. Boinet et Ehlers en avaient réunis 98 cas en particulier dans les Alpes-Maritimes. Avec l'aide du Professeur Boinet, nous nous sommes livrés à une enquête portant sur les médecins, les curés de village, ainsi qu'à des recherches personnelles dans la zone incriminée.

En Provence, les deux foyers anciens de Vitrolles et de Martigues sont éteints. Dans le Var, pas de cas à signaler. Dans les Alpes-Maritimes, ils nous semblent nettement moins nombreux qu'il y a vingt ans. Il y en a encore quelques cas à Nice à l'hôpital Saint-Roch.

En Languedoc, la lèpre autochtone est encore plus rare.

A Marseille, on ne trouve plus que de la lèpre d'importation.

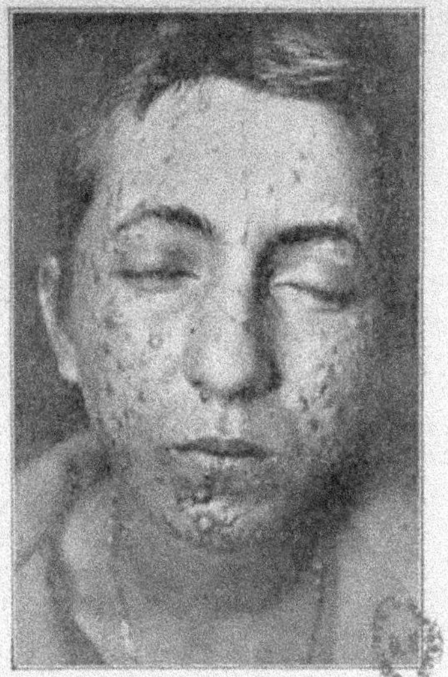

FIG. 13. — *Lèpre.*

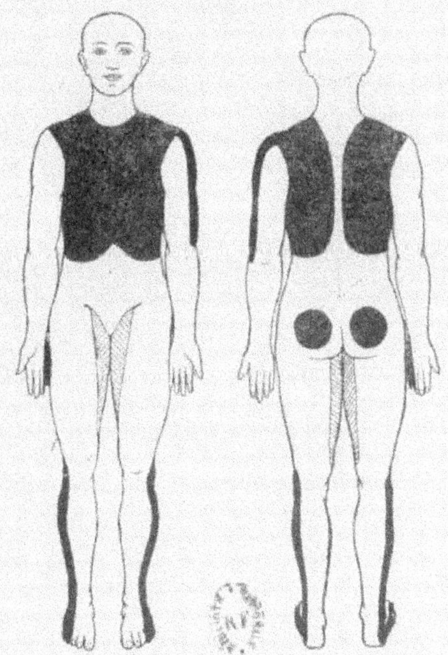

FIG. 14. — *Lèpre.* Territoires de dysesthésie.
En noir : anesthésie complète. En hachures : hyperesthésie.

2° Lèpre d'importation. — a) *Avant la guerre.* — Par son port situé sur le passage des grands courants d'émigration, Marseille devait être fatalement le lieu de passage de nombreux lépreux. La statistique des Professeurs Boinet et Perrin s'élevait à 59 cas, et encore faisaient-ils remarquer que ce nombre devait être inférieur d'une bonne moitié au chiffre réel.

b) *Pendant et depuis la guerre.* — La guerre, en attirant à Marseille des milliers de soldats de couleur et de travailleurs coloniaux, y a amené de nombreux lépreux ; nous en connaissons au moins 300.

1° Dans les contingents militaires. — Le centre de dermatologie de la XV° région était doté d'une léproserie. Un grand nombre de malades passèrent à ce centre. Nous avons pu retrouver 235 observations. Voici la répartition des cas :

Sénégalais	173 cas
Indochinois	34 »
Malgaches	19 »
Marocain	6 »
Français	2 »

2° Dans la population civile. — Il y a peu ou pas de lépreux parmi les Italiens habitant Marseille. Le plus grand nombre de cas de lèpre viennent de l'Espagne, quelques-uns de nos colonies.

On peut estimer actuellement à une trentaine le contingent lépreux pour une population de 600.000 habitants.

Les formes cliniques observées ont été :

Lèpre maculeuse	81 cas
» tuberculeuse	4 »
» nerveuse	23 »
» atrophique	3 »
» ulcéreuse	10 »
» mutilante	2 »

Traitement de la Lèpre

Les traitements récents de la lèpre, avec le Dr Pringault. — *Congrès de la Santé*, Marseille, 12-16 septembre 1922.

Les acquisitions récentes sur la lèpre depuis la dernière Conférence internationale, avec le Dr Fournier. — *Soc. de Médecine et d'Hygiène Coloniales*, 10 juin 1925.

Dans ces deux publications, nous nous étions efforcés de donner un aperçu de toutes les recherches entreprises pour le traitement de la lèpre. Nous passions en revue tous les médicaments utilisés, en y joignant, à propos de quelques-uns, notre expérience personnelle.

Nous avons utilisé dans quelques cas l'éparseno de Pomaret et les résultats obtenus nous ont paru être loin de proportion avec l'enthousiasme que ce médicament avait fait naître.

C'est plutôt vers les huiles de Chaulmoogra, et en particulier vers les éthers de cette huile, que se sont portés nos efforts thérapeutiques.

Plusieurs malades ont été traités par ces éthers de l'huile de Chaulmoogra et toujours avec des résultats sinon parfaits, du moins encourageants. En particulier chez le malade dont les territoires anesthésiques sont représentés fig. 14, on a utilisé des éthers faits suivant la méthode de Boulay, et les résultats ont été assez satisfaisants. Les zones anesthésiques se sont modifiées et ont diminué d'étendue ; par contre, les gros tubercules sont restés stationnaires.

Une autre malade, âgée de 20 ans, a été nettement améliorée par les éthers. Un certain nombre de tubercules se sont affaissés et la sensibilité est redevenue normale presque partout. Ce cas a été présenté à la Société de Médecine et d'Hygiène Coloniales par nos internes MM. Imbert et Darcourt.

Actuellement, des essais sont en cours avec les injections de collobiase de Chaulmoogra Dausse.

TUMEURS

TUMEURS BENIGNES

Appareil simple permettant de faire des coupes à la congélation avec un microtome Minot ordinaire, avec le Dr Chauvin. — *Marseille Médical*, 1er mai 1922.

Les microtomes à congélation utilisent en général le froid produit par la détente du gaz carbonique. Des appareils spéciaux sont à la disposition des laboratoires bien outillés, mais ils n'en demeurent pas moins par leur prix des instruments de luxe. Cependant, il est souvent nécessaire pour des diagnostics rapides, de pratiquer de telles coupes à la congélation.

Dans ce but, nous avons fait construire un petit appareil représenté par la figure 15. Cet appareil (1) ressemble extérieurement au porte-objet du microtome Minot, mais est formé de deux parties, une première partie creuse, sorte de cuvette sur laquelle vient se visser un couvercle, la deuxième partie, qui porte en son centre une queue en matière thermo-isolante, qui s'introduit dans la griffe du microtome.

Voici le mode opératoire : l'appareil est ouvert, puis la cuvette est remplie de neige carbonique que l'on tasse, avec un mandrin en bois. Cette neige est rapidement obtenue en faisant détendre le gaz dans une poche en peau de chamois. L'appareil étant rempli, on visse le couvercle, puis on verse une goutte d'eau sur la surface striée à cet effet ; et au milieu, la pièce à couper. La congélation est complète en 2 minutes et se maintient entre 12 et 20° pendant 20 minutes.

Actuellement, cet appareil est fabriqué avec une cuvette plus profonde, et le disque de neige qui se trouve à l'intérieur est constamment repoussé vers la surface réfrigérante par un ressort.

(1) En vente chez Cogit, 36, boulevard Saint-Michel, à Paris.

En employant comme liquide d'inclusion, non de l'eau, mais un mélange à parties égales de sirop de gomme et de sirop de sucre, on évite la formation dans les tissus des fines aiguilles de glace qui les bouleversaient. La masse congelée est blanc-jaunâtre, ferme, sans être dure, et est parfaite. Les coupes sont ensuite reprises sur le rasoir, puis déposées à la surface de l'eau d'un cristallisoir, où elles s'étalent parfaitement. Ces coupes sont ensuite durcies à l'alcool à 50°, collées sur lames et colorées.

FIG. 15. — *Porte-objets pour congélation.*

Cet appareil très économique nous a permis de faire régulièrement des coupes de 12 millimètres sur 10, et d'une épaisseur ne dépassant pas 1/80e de millimètre.

Note sur un cas de botryomycome. — *Société des Médecins de la Côte d'Or*, 1911.

Cas observé dans le Service du Professeur Longin : petite tumeur molle d'un rouge vif, lisse saillante, datant depuis deux ans et demi.

L'examen histologique montra l'hyperplasie du tissu conjonctivo-vasculaire, structure habituelle du botryomycome.

A propos de la structure histologique d'un cas d'hémato-lymphangiome. — *Soc. Franç. de Dermatologie et Syphil.*, 7 juillet 1921.

Ce travail fut publié à la suite d'une communication de MM. Hudelo et Caillau, qui attiraient l'attention sur l'association dans les tumeurs angiomateuses des lésions des vaisseaux sanguins et des vaisseaux lymphatiques.

Dans les coupes et les microphotographies que nous présentâmes à la Société de Dermatologie, on y pouvait trouver le même mélange.

Rien de particulier dans l'épiderme, mais dans le derme on observe un grand nombre d'ectasies qui occupent toute sa

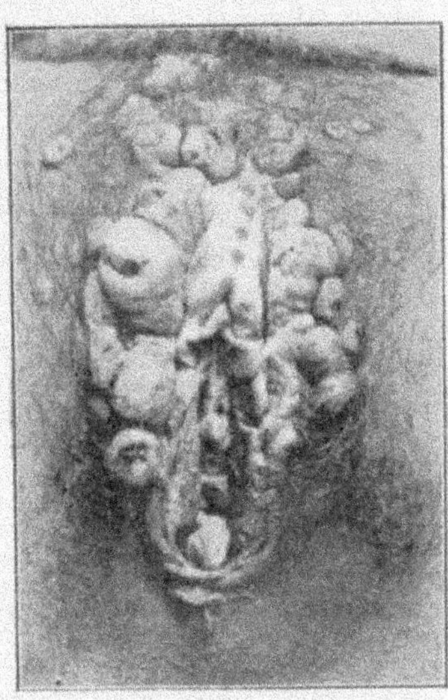

Fig. 16. — *Papillomes de la vulve.*

hauteur et lui donne un aspect réticulé. Ces cavités sont les unes remplies de sang, les autres remplies de lymphe coagulée Ces dernières sont de simples fentes lymphatiques dilatées formées d'un mince épithélium reposant directement sur le tissu conjonctif.

Papillomes multiples de la vulve, avec M. Monge. — *Comité Médical*, 20 octobre 1922.

Cette malade était venue consulter pour un prurit très violent de la région vulvaire. Elle présente depuis cinq ans sur les grandes, petites lèvres et le capuchon, un grand nombre de tumeurs sessiles, de consistance assez dure et indolores. Le tout donne l'aspect d'une masse mamelonnée. La peau qui les recouvre est blanchâtre, épaissie et creusée de sillons irréguliers. Les petites lèvres sont cartilagineuses, le capuchon recouvre un clitoris gros, dur et sec.

Pas de ganglions. Bordet-Wassermann négatif.

L'examen histologique montre l'aspect classique des papillomes avec hyperacanthose et hyperpapillomatose.

EPITHELIOMES

Ulcus rodens de la vulve, avec MM. Artaud et Gaunet. — *Marseille Médical,* 15 septembre 1923.

Il s'agit d'une femme de 60 ans, qui présentait une augmentation de volume de la grande lèvre droite. Ces deux grandes lèvres ont leurs bords soudés à la partie supérieure par un tissu cicatriciel dépourvu de poils.

Au-dessous, s'étendant sur la partie droite de l'anneau vulvaire, on trouve une vaste ulcération à fond rouge, et non suppurante. L'ulcération est limitée par des bords arrondis régulièrement, de consistance cartonnée. Elle saigne facilement au moindre contact. Le toucher vaginal et l'examen au spéculum, pratiqués sous anesthésie à cause des phénomènes douloureux, montrent un vagin et un col normal.

Dans la région inguinale, on note une plaie anfractueuse atone et une adénite suppurée.

L'état général est mauvais, et la malade se cachectise.

En l'absence de renseignements sur le mode de début de la plaie et de la cicatrisation vicieuse de la région vulvaire, le diagnostic clinique reste hésitant.

Examen histologique : le fond de l'ulcération est composé de cellules conjonctives hyperplasiées, de quelques plasmocytes et d'un grand nombre de polys. Au milieu de ce tissu, on note la présence de boyaux à cellules fortement colorables, à gros noyaux dont quelques-uns monstrueux. Ces cellules sont du type de l'assise basale de l'épiderme. C'est un épithéliome basocellulaire de la variété clinique ulcus rodens.

La malade, quelques jours après, meurt de congestion pulmonaire.

A l'autopsie, le vagin et l'utérus sont normaux, la lésion est restée cantonnée à la vulve et n'a pas dépassé l'anneau vulvaire. Aucun ganglion ne présente l'aspect néoplasique.

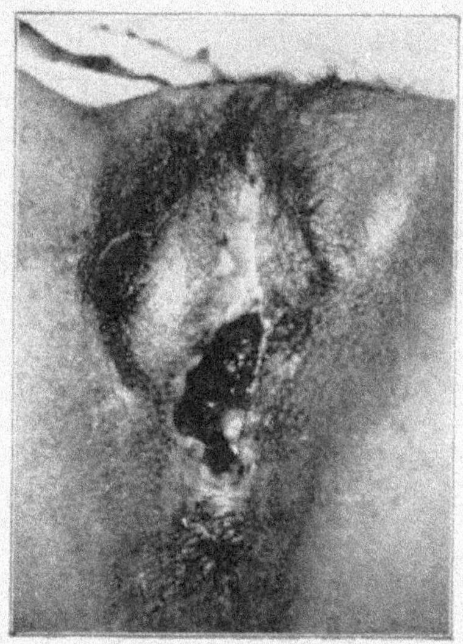

Fig. 17. — *Ulcus rodens de la vulve.*

L'examen des autres organes ne montre aucun foyer métastatique.

Cette localisation à la vulve de l'ulcus rodens est très rare.

Epithélioma du cou à développement extra-rapide, avec MM. Fournier et Clément. — *Comité Médical*, 17 octobre 1924.

Ce cas est particulièrement intéressant, à cause de l'extrême rapidité de son développement.

Le début clinique s'est fait il y a quatre mois. A cette époque apparaît sur la peau, au niveau de la partie postérieure de la branche montante du maxillaire supérieur, un petit bouton rouge, qui en un mois atteignait les dimensions d'une noix, le mois suivant celles d'une orange. La tumeur est de consistance ferme, de configuration régulière de surface lisse.

Cette tumeur s'ouvre et laisse écouler une petite quantité de pus. Les bords de la plaie bourgeonnent et recouvrent rapidement, sans y adhérer, la moitié de la joue droite, et la moitié de la région cervicale droite.

C'est l'état dans lequel nous trouvons le malade, quand nous l'examinons au quatrième mois (Fig. 18).

La masse tumorale mesure en ce moment 10 centimètres de diamètre sur 3 centimètres d'épaisseur.

L'examen histologique montre les caractères habituels de l'épithélioma spino-cellulaire, à architecture cordonale lobulée très infiltrant. Il y a peu de globules cornés. Chaque cellule évolue plutôt pour son propre compte. Cet aspect est celui de l'épithélioma métatypique, celui que Masson a décrit sous le nom d'épithélioma spino-cellulaire trabéculaire. Stroma-réaction très faible.

Depuis le 4 octobre, nous avons vu la tumeur se développer sous nos yeux et s'augmenter de plus de 2 centimètres de diamètre, en 13 jours.

Aucun ganglion n'est envahi, ni tuméfié.

Un cas d'épithélioma térébrant, avec MM. Fournier et Imbert. — *Marseille Médical* 1925, p. 981.

Cas intéressant, par l'aspect très particulier que présentait cet épithélioma. Ayant débuté par une petite tumeur indolente dans l'angle formé par le nez et l'œil droit, peu à peu il s'était formé une plaie à contours taillés à l'emporte pièce légèrement infiltrés, mais sans bourrelet. L'aspect du fond est jaunâtre et bourbillonneux.

L'interrogatoire, l'âge de la malade, l'aspect de la lésion et son évolution, tout faisait penser à une gomme syphilitique.

Le Wassermann est négatif, malgré cela un traitement spécifique est institué. Il est suivi très rapidement par l'apparition de très vives douleurs, et par l'extension très rapide des lésions.

Le traitement est arrêté et *l'examen histologique* montre alors un épithélioma mixte des plus typiques.

La famille histologique du cancer dans ses rapports avec les thérapeutiques modernes, avec le Prof. Chauvin. — *Conférence au Comité Médical. Marseille Médical,* 15 février 1923.

Dans cette conférence, au cours de laquelle furent projetées un grand nombre de microphotographies, nous nous sommes

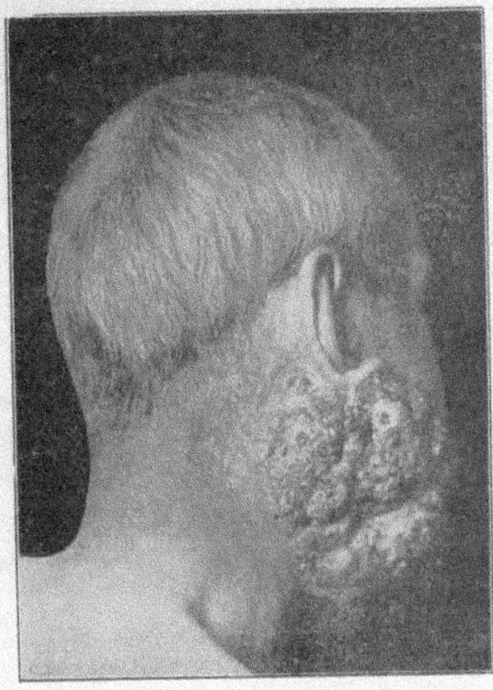

Fig. 18.

efforcés de montrer comment les méthodes actuelles de thérapeutique anticancéreuse nécessitent de la part du chirurgien, la connaissance des diverses variétés histologiques du cancer, et quel élément indispensable du succès devient la collaboration étroite du clinicien et de l'histologiste.

L'examen des coupes anatomo-pathologiques peut seul, en effet, donner des renseignements précis sur la radiosensibilité des tumeurs, et à ce propos nous commentions, avec des exemples sous les yeux, les lois générales de Bergonié-Tribondeau qui veulent que la radiosensibilité des tumeurs augmente avec l'activité kariokinétique, le devenir kariokinétique, et la moins grande différenciation (Fig. 19, 20 et 21).

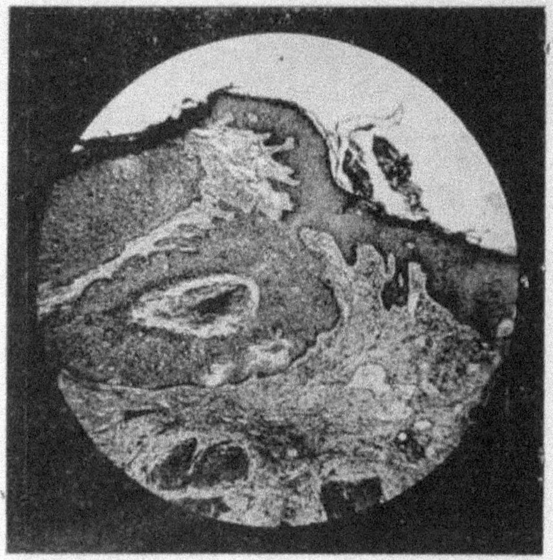

Fig. 19. — *Epithélioma baso-cellulaire de la peau.* × 100.

Très radiosensible.
Développé au dépens de la couche basale, à devenir kariokinétique long.

Pour montrer combien l'importance des constituants histologiques d'une tumeur était grande pour fixer le pronostic et le choix d'une thérapeutique, nous nous sommes adressés aux tumeurs du sein. Evidemment, l'exemple pourra paraître mal choisi, car les tumeurs du sein ne sont pas une indication de choix de la radiothérapie, cependant cet organe nous fournit une si belle variété de tumeurs, que sa famille histologique est complète. L'étude des différentes tumeurs du sein nous montrera, avec précision, toutes les formes de passage de la tumeur bénigne au cancer (Fig. 22 à 31).

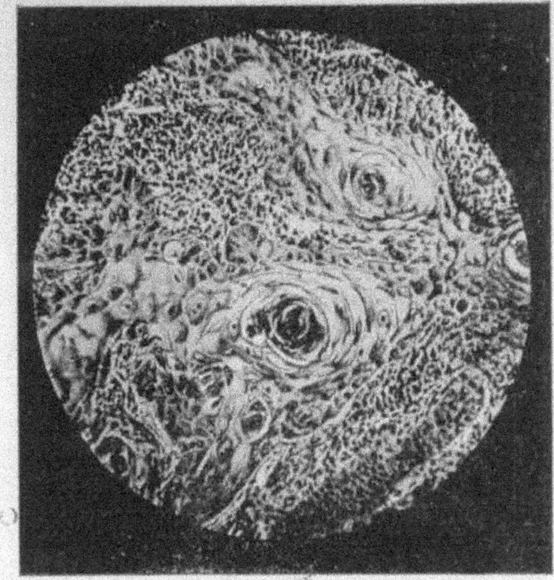

Fig. 20. — *Epithélioma spino-cellulaire de la peau.* × 100.

Globes épidermiques. Cellules tumorales développées au dépens de la couche filamenteuse de l'épiderme, à devenir kariokinétique restreint. Peu de cellules en division.

Peu radiosensible.

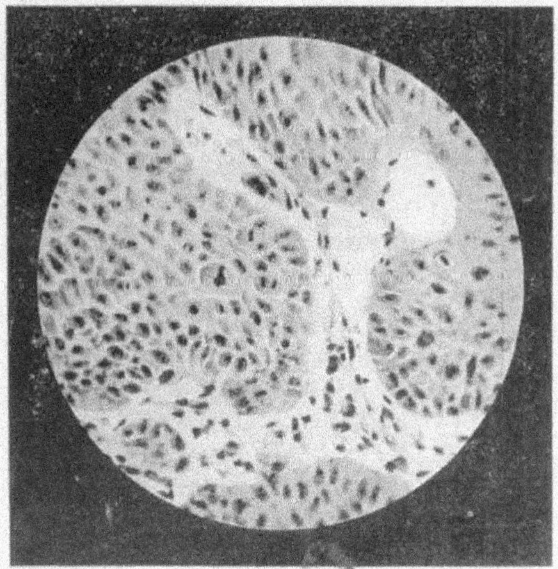

Fig. 21. — *Epithélioma spino-cellulaire.* × 340.

Pas ou peu de globes cornés. Divisions mitotiques et amitotiques nombreuses. Activité kariokinétique très grande.

Plus radiosensible que la forme précédente.

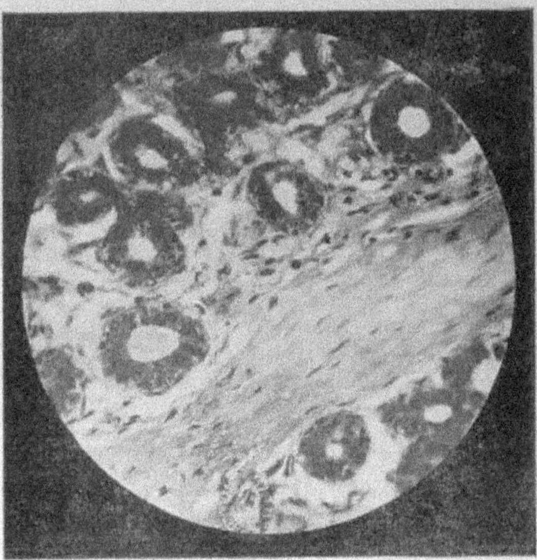

Fig. 22. — *Sein. Adénome acineux.* × 170.

La prolifération épithéliale est ordonnée et partout limitée par une basale intacte. L'aspect est celui d'un sein en lactation.

Assez peu radiosensible. Traitement chirurgical de préférence.

Fig. 23. — *Sein. Adénome tubulé.* × 10.

Les cavités épithéliales sont déformées et se présentent sous forme de fentes. Les basales sont intactes.

Peu radiosensible.

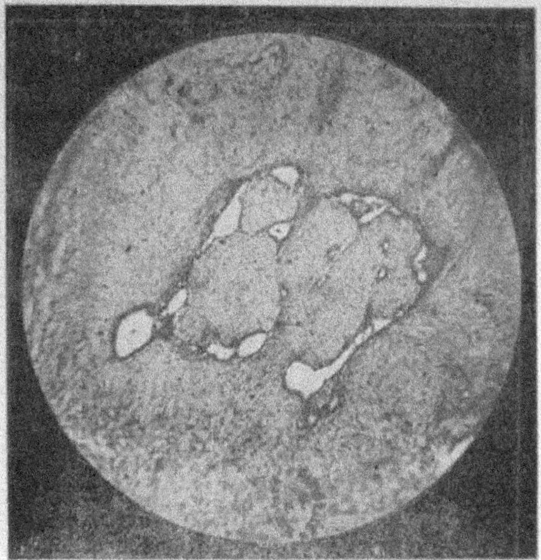

Fig. 24. — *Sein. Adénofibrome.* × 40.

La prolifération épithéliale de l'adénome s'accompagne ici d'une prolifération fibreuse. Celle-ci peut être si intense qu'elle forme des proliférations intrakystiques. Noter l'importance énorme du tissu fibreux qui est très différencié.

Très peu radiosensible.

Traitement chirurgical obligatoire.

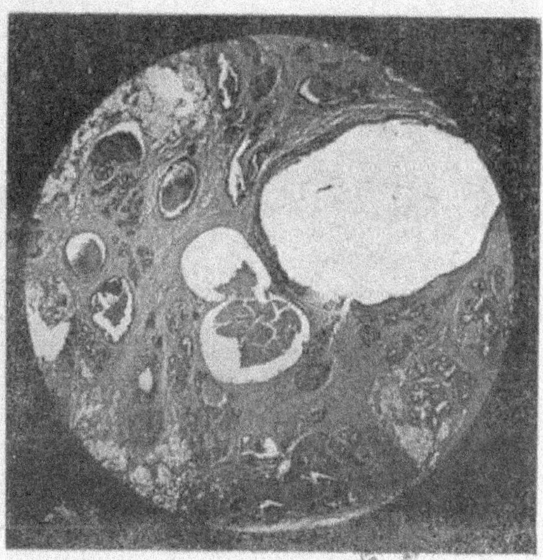

Fig. 25. — *Sein. Maladie de Reclus.* × 10.

Les acini sont distendus et forment des kystes de dimensions variables. La prolifération épithéliale est plus importante. Sur cette coupe, en quelques points, on note des départs de dégénérescence maligne.

La maladie de Reclus est le plus radiosensible des adénomes. La radiothérapie doit être tentée avant l'opération.

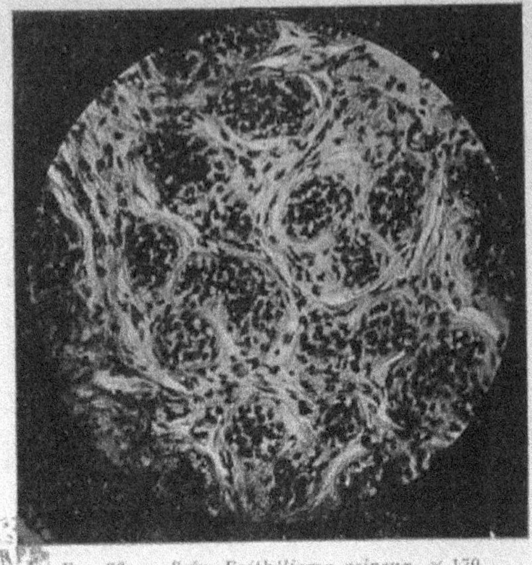

Fig. 26. — *Sein. Epithélioma acineux.* × 170.

La prolifération épithéliale comble la lumière de l'acinus. On a alors des amas pleins. La basale a disparu.

Tumeur maligne.

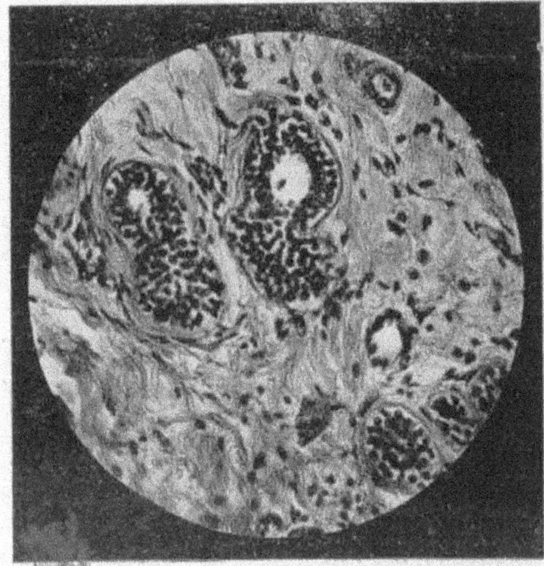

Fig. 27. — *Sein. Adénocarcinome.* × 170.

La prolifération épithéliale rompant la basale se répand au dehors.

Cette préparation montre bien la rupture de la basale et le passage de l'adénome au cancer.

Radiosensibilité plus grande mais faible encore.

Traitement chirurgical de préférence.

Traitement chirurgical.

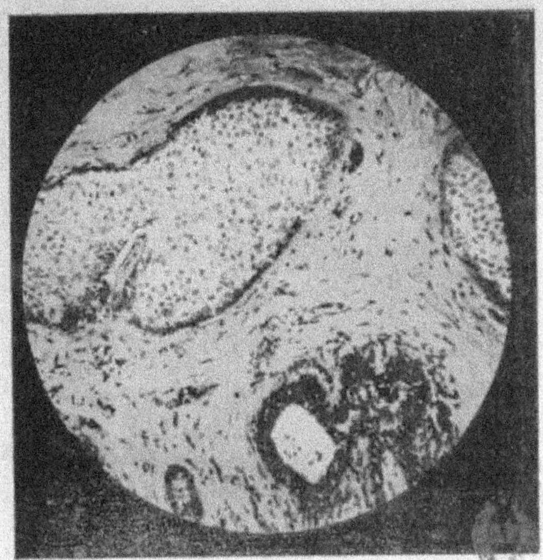

Fig. 28. — *Carcinome alvéolaire.* × 170.

Plus de trace ici de la structure glandulaire. Les éléments épithéliaux forment des amas cellulaires pleins.

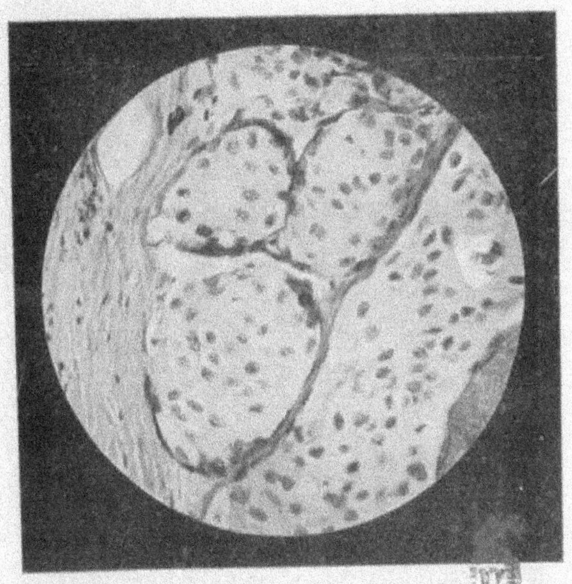

Fig. 29. — *Sein. Carcinome.* × 170.

Même préparation que la figure précédente.
Cellules tumorales polygonales avec de fréquentes et de multiples divisions.
Tumeur radiosensible.

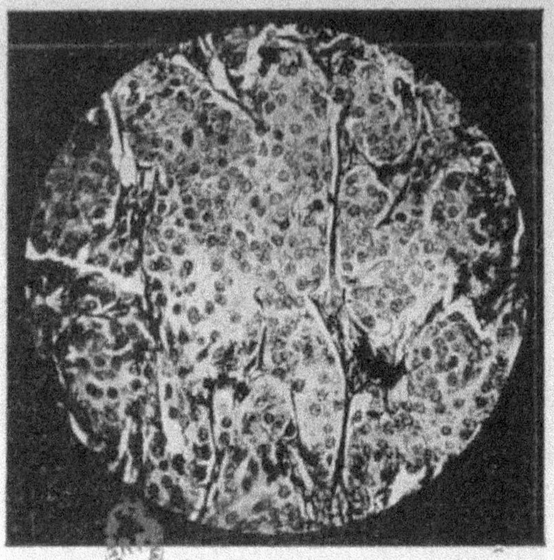

Fig. 30. — *Sein. Encéphaloïde.* × 340.

Énorme prolifération des cellules épithéliales.

Stroma-réaction extrêmement faible.

Forme très maligne à métastases précoces.

Dans ce cas, les radiations sont nuisibles si dans le stroma il existe des îlots de dégénérescence.

Si le stroma est assez bon, employer la radiothérapie comme adjuvant de l'acte chirurgical.

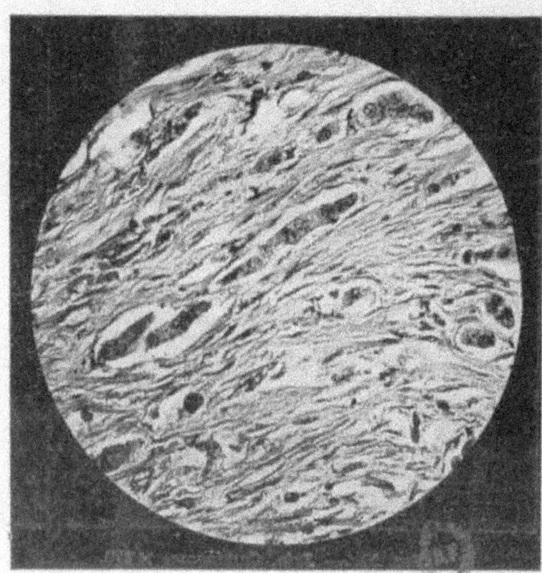

Fig. 31. — *Sein. Squirrhe.* × 340.

Ici la sclérose de défense est maximum.

Les éléments épithéliaux sont peu nombreux.

Forme peu maligne et d'évolution lente.

Radiumthérapie de surface.

NÆVOCARCINOME

Les travaux récents sur la mélanose normale et pathologique à propos d'un cas de nævocarcinome, avec le Dr Melchior-Robert. — *Conférence avec projections de microphotographies en couleurs au Comité Médical*, 15 octobre 1923.

Nous avons eu l'occasion d'observer longuement, dans notre service de Dermatologie de l'Hôpital de la Conception, un cas de nævocarcinome. Il s'agissait d'une jeune femme de 20 ans, qui présentait depuis son enfance un nævus pigmentaire sur le mollet gauche. Ce nævus fut le siège d'un prurit, puis d'un bourgeonnement important, qui amena rapidement, en quatre mois, ses dimensions à celles d'un bouchon de champagne. Il n'y avait pas de réaction ganglionnaire. On enleva chirurgicalement cette tumeur. Quatre mois après apparaissaient, sur la cicatrice, de nouvelles tumeurs très prurigineuses, et en même temps trois ganglions inguinaux, peu douloureux, mais adhérents au plan profond.

On enlève à nouveau chirurgicalement les tumeurs et les ganglions.

Cinq mois après, nouvelle récidive avec tumeurs autour de la cicatrice du mollet, et tumeurs à l'aine.

Quand nous voyons cette malade, elle présentait les tumeurs que l'on voit sur les Fig. 32 et 33. Les tumeurs sont, les unes épidermiques, les autres dermo-épidermiques. Sur quelques-unes, la peau est lisse, violacée et brillante.

La formule leucocytaire est à peu près normale.

Examen histo-pathologique. — De nombreuses biopsies furent pratiquées, portant soit sur les tumeurs primitives, soit sur les tumeurs de métastase. Elles montrèrent toutes les lésions caractéristiques du nævo-épithéliome. Les cellules qui composent la tumeur sont rondes, volumineuses, sans filaments d'union, à gros noyaux. Certaines d'entre elles sont rameuses et d'aspect fusiforme, se rapprochant ainsi du type langerhansien, elles sont pigmentées et très argentophiles (Fig. 34).

Ces tumeurs ont été traitées par radiumpuncture ou radiothérapie, mais d'autres tumeurs apparaissaient en d'autres points. Puis l'état général, jusque là très satisfaisant, décline, la fièvre arrive, et la malade meurt presque trois ans après le début des lésions.

L'autopsie n'a pu être faite.

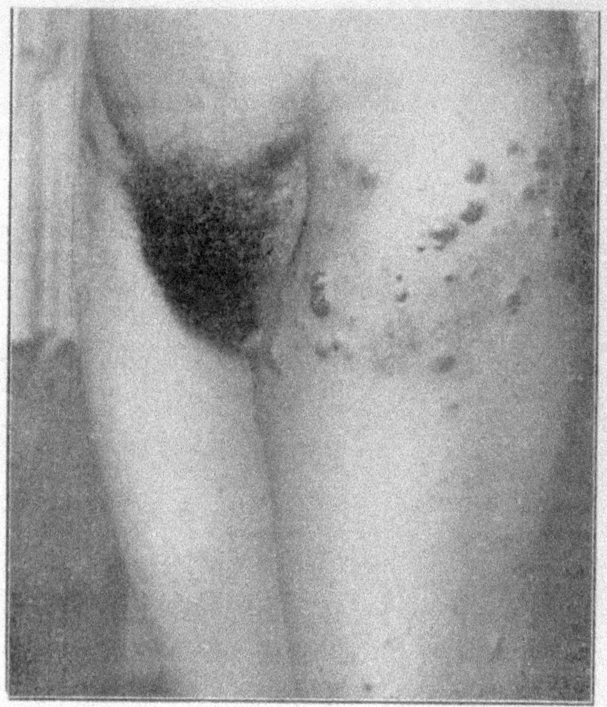

FIG. 32. — *Nævocarcinome*. Aspect général de la malade.

A propos de ce cas, nous reprîmes toute la question, à cette époque si à l'ordre du jour, des mélanomes et de l'histogénèse de la mélanine dans les tissus. Grâce à l'obligeant envoi par le Professeur Bruno Bloch, de la dioxyphénylalanine, nous pûmes pratiquer sur un grand nombre de pièces la réaction de la dopa.

Nous pûmes ainsi montrer dans cette conférence sur de nombreuses microphotographies, tout l'intérêt de cette réaction, qui permet de se rendre compte que la propriété de sécréter la mélanine n'appartient plus aux cellules mésenchymateuses,

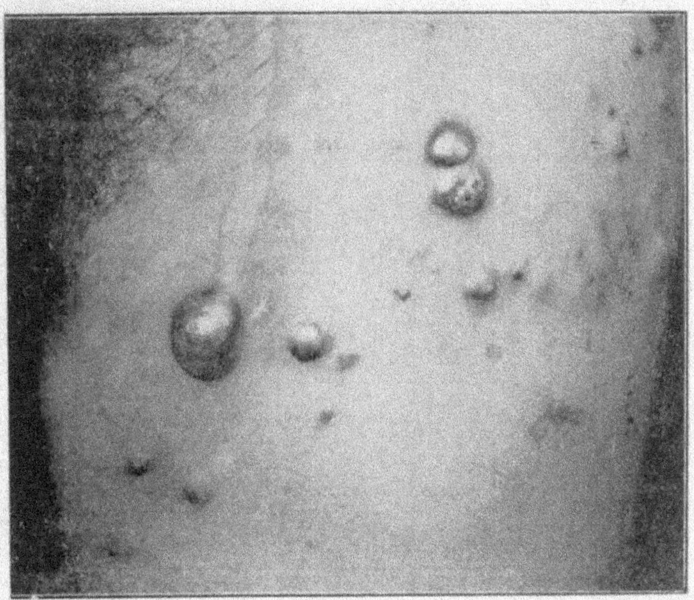

Fig. 33. — *Nævocarcinome*. Détail des tumeurs au niveau du triangle de Scarpa.

mais à de certaines cellules dérivées de l'épiderme, les mélanoblastes. Nous montrions également les cellules rameuses, cellules de Langerhans, qui jouent pour la peau un rôle trophique si important (Fig. 35 et 36).

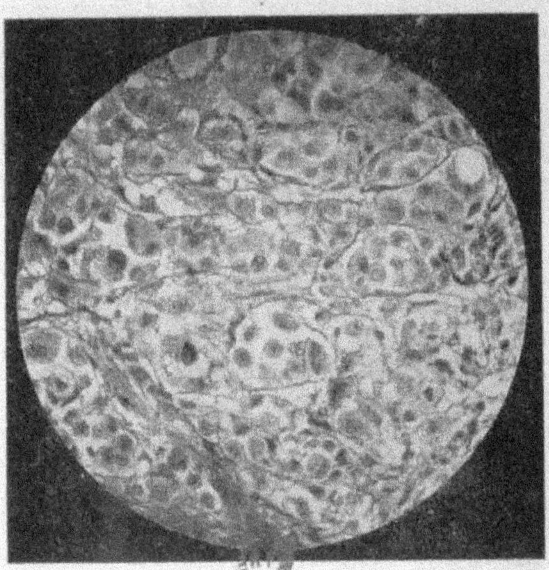

FIG. 34. — *Nævoépithéliome* × 340.

Coupe d'une métastase (tumeur de l'aine).

Hématéine Van Gieson.

Grosses cellules tumorales comprises dans les mailles d'un mince réticulum conjonctif.

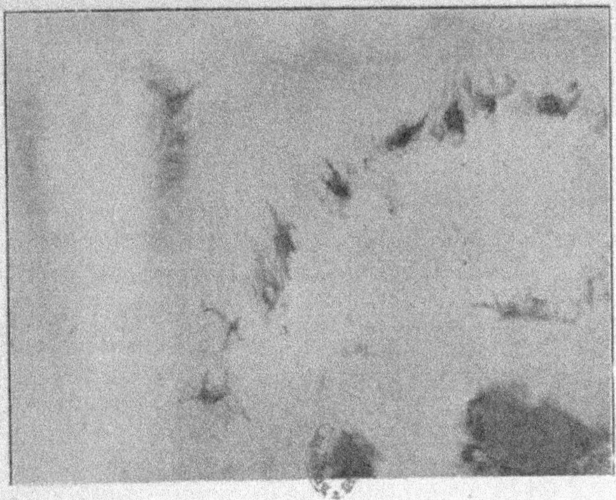

Fig. 35. — *Cellules de Langerhans dans la peau normale* × 100.

La pièce a été coupée par la congélation puis traitée par la doparéaction. Les cellules de Langerhans, dont on voit nettement les prolongements grêles, bordent la face inférieure du corps muqueux de Malphigi à peine visible.

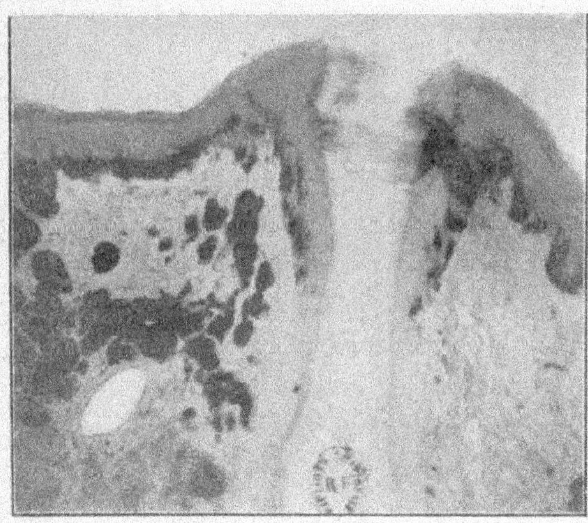

Fig. 36. — *Nævus tubéreux* × 40.

Pièce coupée à la congélation puis traitée par la doparéaction. Au centre, le collet d'un poil. De part et d'autre, l'épiderme avec sa couche basale fortement teintée en noir par les cellules de Langerhans, qui ont pris la dopa.

A gauche du poil, le nævus lui-même. A la partie supérieure, les cellules næviques dopa positives; en bas, les cellules næviques inférieures dopa négatives.

SARCOME

Un cas de sarcomatose hypodermique généralisée, type Perrin, avec le Prof. Roger. — *Comité Médical*, 5 janvier 1923.

Observation d'un cas rare de sarcomatose. Malade de 60 ans, dont l'affection a débuté il y a six mois, par une petite tumeur indolore sur le bras. Très rapidement, de nombreuses petites tumeurs apparaissent sur la face, la luette, sur le tronc, les bras et les jambes. Les mains et les pieds sont absolument indemnes de toute néoformation.

Ces tumeurs sont franchement hypodermiques, mobiles sur le plan profond, non douloureuses. Quelques-unes sont adhérentes à la peau, qui présente parfois la peau d'orange. L'état général est bien conservé.

Le diagnostic clinique est celui de sarcomatose du type Perrin, les extrémités étant respectées.

Examen histologique. — Les tumeurs, toutes hypodermiques, sont formées de cellules toutes semblables, arrondies ou polygonales, à noyau clair et occupant la presque totalité de la cellule. Nombreuses figures de division typiques et atypiques. On note de nombreux vaisseaux sans parois propres, du reste assez peu nombreux.

Ce malade a été traité par la radiothérapie. Les premières applications ont fait rétrocéder la plupart des tumeurs. Le malade meurt cependant par œdème aigu du poumon, peut-être par trop brusque résorption tissulaire.

TRAITEMENT DES TUMEURS

Tumeur angiomateuse. Guérison par la diathermie. — *Comité Médical*, 5 octobre 1923.

La malade, âgée de 66 ans, présentait sur la joue un nævus vasculaire, qui à la ménopause avait rapidement augmenté de volume, primitivement de la dimension d'un petit pois, il atteignait le volume d'une grosse prune. Cette tumeur est pédiculée et son pédicule mesure 2 centimètres de diamètre.

Cette tumeur a été enlevée par électro-coagulation du pédicule, avec l'électrode mousse, l'intensité en haute fréquence n'a pas dépassé 600 milliampères. L'escharre tombée, la cicatrisation a été complète en un mois.

Le traitement des angiomes par le radium (avec projections de coupes microscopiques). — *Comité Médical*, 13 mai 1921.

La radiumthérapie est le traitement de choix des angiomes. Nous montrions dans ce travail les différentes modalités d'emploi du rayonnement dans les trois catégories d'angiome : les angiomes plans toujours très délicats à traiter, les tumeurs angiomateuses sous-cutanées et les nævi vasculaires érectiles. Cette dernière catégorie est particulièrement sensible, et pour elle le radium est le traitement idéal. Les doses employées sont souvent assez minimes. On utilisera en général des appareils plats, d'une teneur de 3 à 4 milligrammes de bromure par centimètre carré de surface, avec un filtre de 4 à 5/10ᵐᵐ d'aluminium. Les durées d'application sont souvent assez courtes et diffèrent suivant la profondeur des lésions. Le rayonnement même à doses faibles, réduit très rapidement les ectasies vasculaires (Fig. 37 et 38).

Epithélioma spinocellaire guéri par la diathermie et la radiothérapie associées. Le radium en dermatologie, avec le Dʳ Darcourt. — *Com. Méd.*, 12 octobre 1923. *Sud Médical*, 15 janvier 1922.

Le traitement des tumeurs cutanées. — *Marseille Médical*, 9 février 1923.

Quelques indications générales pour la radiothérapie des tumeurs, avec le Prof. Chauvin. — *La Pratique Médicale Française*, juin 1924.

Dans cette série d'articles nous nous sommes efforcés de montrer comment les nouvelles méthodes de traitement, électrocoagulation, radiothérapie semi-pénétrante et radiumthérapie doivent être utilisées dans la thérapeutique dermatologique et cancérologique. Nous y avons montré également une fois de plus l'importance considérable de l'étude histologique des tumeurs et des dermatoses et combien étaient précieux pour le thérapeute, les renseignements obtenus sur la nature de la prolifération épithéliale, sur son activité kariokinétique et sur la défense du sujet mise en évidence par la stroma-réaction.

Appareil de curiethérapie pour épithélioma de la lèvre inférieure. — *Soc. Marseillaise pour l'étude du cancer*, décembre 1926.

La malade présentait un épithélioma spinocellulaire de la lèvre inférieure, face postérieure. La difficulté d'application consistait surtout dans la nécessité d'obtenir une protection suffisante de la gencive et du maxillaire inférieur. Pour cela, on moula la mâchoire inférieure et on fabriqua un appareil en vulcanite noire doublé d'une feuille de plomb qui recouvrait les dents et la gencive. Cet appareil repoussait assez fortement la lèvre inférieure pour éverser celle-ci à l'extérieur.

Une application en cire Columbia moulé sur le tout permettait l'application de 10 tubes de 2 milligrammes éléments pendant 10 jours, en tout 32 millicuries détruits.

Bonne guérison apparente au bout d'un mois.

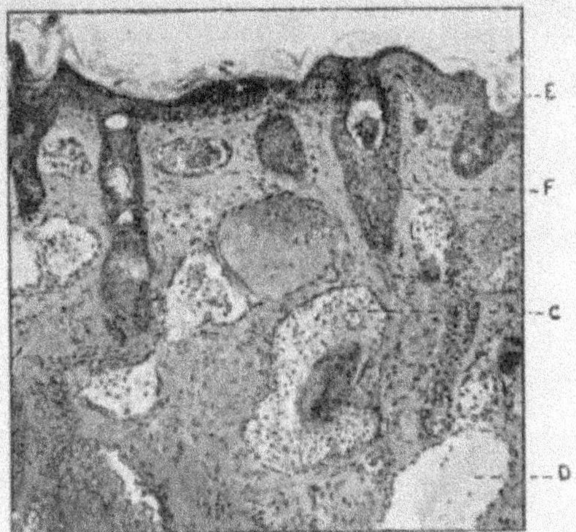

Fig. 37. — *Angiome non traité* × 100.

E. Epiderme normal. — F. Follicule pileux. — C. Capillaire sanguin dilaté et rempli de sang et de globules blancs. — D. Dilatation lymphatique.

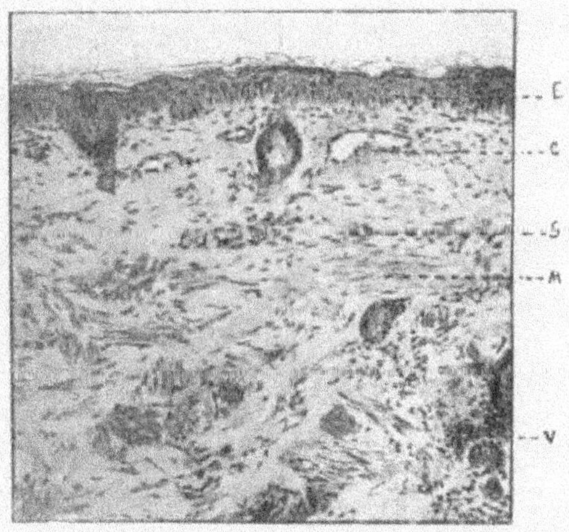

Fig. 38. — *Le même angiome 7 jours après une faible application de radium.*
(Plaque carrée de 2 cm. de côté, contenant 14 milligrammes de radium bromure, durée 30 minutes).

E. Epiderme aminci et rectiligne. — C. Capillaire sanguin très rétréci. — S. Stroma de cellules conjonctives jeunes. — M. Fibres musculaires du peaucier. — V. Vestiges d'un follicule pileux dégénéré.

CHANCRES MOUS
ET BUBONS CHANCRELLEUX

Phagédénisme chancrelleux, avec le Dr MELCHIOR-ROBERT. — *Soc. de Médecine et d'Hygiène Coloniales*, 8 janvier 1925.

Il s'agissait d'un malade qui avait présenté, en octobre 1922, un chancre mou du filet. Quand nous le voyons en décembre, la verge a la forme d'un battant de cloche et montre une couronne de chancres profondément ulcérés.

Malgré des traitements très divers, antiseptiques, enfumage iodé, injections intrapréputiales de nitrate d'argent, on ne pouvait obtenir la guérison. Quand on ouvre le prépuce très adhérent, on trouve une vaste ulcération chancrelleuse et l'urètre est béant sur toute la longueur de la plaie. Malgré tous les soins, le phagédénisme continue à évoluer. En mai, les corps caverneux sont à nu. Le traitement spécifique, le novarsénobenzol en poudre ne l'arrête pas. En juin, on pratique des injections de Lugol et des pansements humides permanents à l'éther. L'ulcération reste alors stationnaire et en janvier, 15 mois après le début, la cicatrisation commence.

Actuellement, toute la face inférieure est formée par les corps caverneux à nu recouverts par un épithélium cicatriciel rouge. La miction se fait par un nouveau méat situé dans l'angle peno-scrotal.

Les méthodes générales de traitement des bubons chancrelleux, avec MM. FOURNIER et ACQUAVIVA. — *Sud Médical*, 15 décembre 1925.

Etude critique et comparative des divers traitements généraux des bubons chancrelleux, avec MM. FOURNIER et ACQUAVIVA. — *Annales des Maladies Vénériennes*, janvier 1926.

La fréquence de plus en plus grande, surtout depuis la guerre, des chancrelles avec leurs bubons suppurés, souvent interminables, a contribué à encombrer les salles des services de dermato-vénéréologie. Les méthodes anciennes de traitement (ponction, drainage filiforme, Fontan) n'amènent pas de façon régulière la guérison, et un traitement général vraiment efficace serait bien accueilli par les praticiens.

Des méthodes diverses ont été utilisées :

L'autohémothérapie qui a fait ses preuves entre les mains du Professeur Nicolas et de ses élèves ;

La protéiothérapie avec les injections de lait (travaux de Bonnet et des auteurs italiens) ;

La pyothérapie (Cruveilhier) ;

Enfin, la dernière venue, la vaccinothérapie avec les travaux de Nicolle, de Durand, de Jeanselme, etc.

Nous nous sommes proposés d'étudier ces trois méthodes, protéino, pyo et vaccinothérapie.

Au cours de ces trois dernières années, nous avons pu les expérimenter sur un certain nombre de malades.

1° *Malades traités par la protéinothérapie.* — Nous avons utilisé le lait en ampoules stérilisées ou simplement bouilli. Dose employée : 2 à 5 cc. en injections intramusculaires.

10 malades ont été traités. La durée moyenne d'hospitalisation a été de 15 jours. Dès la deuxième injection, la douleur diminue, le ganglion disparaît.

Les injections sont indolores. Pas de réaction générale.

Température 38°.

2° *Malades traités par la pyothérapie.* — Nous obtenions la préparation de cette façon : Le pus recueilli aseptiquement est mélangé avec du sérum physiologique dans la proportion de 1 cc. de pus pour 20 cc. de sérum. Mise en ampoules puis chauffage à 56° pendant une heure.

Doses : 1/4, 1/2, 3/4 et 1 cc.

30 malades ont été ainsi traités. La durée moyenne d'hospitalisation a été de 16 jours. La température ne dépasse pas 38°. A noter 2 insuccès complets.

3° *Malades traités par la vaccinothérapie.* — Nous avons utilisé le vaccin Nicolle que le Docteur Charles Nicolle nous avait obligeamment envoyé. Injections intraveineuses à doses progressives suivant la technique de l'auteur.

6 malades traités. Durée d'hospitalisation 10 jours.

Les injections sont bien tolérées, très forte réaction thermique, 40° et au-dessus.

4° *Malades traités par les méthodes habituelles.* — 36 malades ont été traités par le Fontan, l'éther iodoformé, ponction, débridement, etc.

Durée moyenne d'hospitalisation, 49 jours.

Conclusions. — *A*) *Les nouvelles méthodes permettent de réduire beaucoup la durée d'hospitalisation,* puisque celle-ci passe d'une moyenne de 49 jours, à 15 jours pour la protéinothérapie, 16 jours pour la pyothérapie et 10 jours pour la vaccinothérapie.

B) Parmi les trois méthodes expérimentées, *la vaccination spécifique donne les meilleurs résultats.* A défaut, il faudra s'adresser aux injections de lait, méthode thérapeutique excellente et facile à mettre en œuvre.

LYMPHOGRANULOMATOSE INGUINALE SUBAIGUË

Lymphogranulomatose inguinale subaiguë. — *Soc. de Médecine et d'Hygiène Coloniales*, 8 janvier 1925.

Lymphogranulomatose inguinale subaiguë, avec M. Fournier. — *Comité Médical*, 13 novembre 1925.

Nous avons eu l'occasion d'observer plusieurs cas de lymphogranulomatose inguinale. Deux de ces cas font l'objet de ces publications. Il s'agissait de cas typiques de maladie de Nicolas et Favre, avec leurs quatre signes primordiaux : légère et fugace ulcération vénérienne, volumineuse adénite de l'aine à foyers multiples de suppuration, tuméfaction des ganglions iliaques et pus à formule cytologique spéciale.

Cette nouvelle maladie vénérienne est observée assez fréquemment à Marseille, en particulier chez les marins, aussi dans le milieu hospitalier marseillais, il importe de rechercher systématiquement cette affection en face de toute tuméfaction de l'aine.

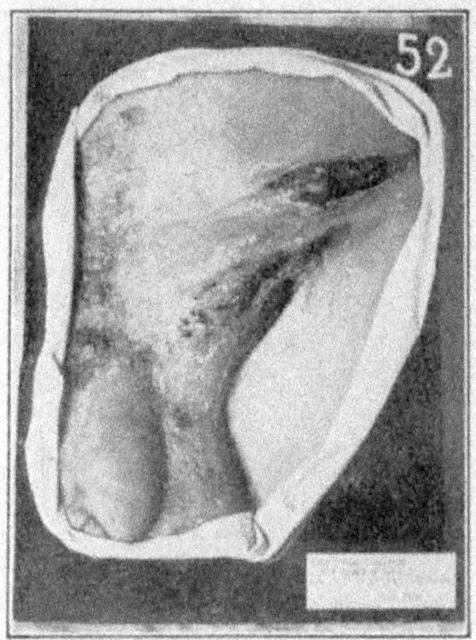

Fig. 39. — *Lymphogranulomatose inguinale subaiguë.* (Reproduction du moulage N° 52 de notre collection).

Le traitement, dans tous ces cas, a consisté dans l'extirpation des ganglions inguinaux seulement, et a donné toujours de bons résultats.

SYPHILIS

Etude clinique

Chancre spécifique de l'ombilic ou plaque muqueuse hypertrophiée, avec M. Darcourt. — *Comité Médical*, décembre 1924.

Ce cas est particulièrement intéressant par la difficulté de son diagnostic. L'ombilic est le siège d'une ulcération assez surélevée, reposant sur une base indurée. On note une adénopathie dure, petite, inguinale et pectorale. Il est possible que ce soit là une syphilis hypertrophique, mais l'examen complet du tégument ne montre aucune lésion de syphilis secondaire, ni la cicatrice d'un ancien chancre. L'hypothèse d'un chancre spécifique de l'ombilic semble la plus probable. La statistique du Prof. Fournier n'en mentionne que deux cas, comportant la quadruple adénopathie.

Un cas de vergetures rondes post-syphilitiques, avec le Dr Fournier. — *Comité Médical*, 23 janvier 1925.

Les observations de vergetures rondes post-syphilitiques sont rares, puisque Fournier n'en avait observé que quatre cas, et que depuis cette époque, on ne trouve que huit cas semblables dans la littérature. Notre malade avait présenté en 1923 des lésions papuleuses constatées par nous-mêmes. Quand nous le revoyons en 1925, il présente sur le dos un grand nombre de macules arrondies de 6 à 10 millimètres de diamètre. La peau à leur niveau est un peu blanchâtre ou rose clair ; au toucher, on a une impression d'amincissement de l'épiderme, mais non de trou dans le derme, comme dans l'anétodermie.

Notre cas est, en outre, particulièrement remarquable par l'abondance peu habituelle de ces éléments leuco-atrophiques.

Syphilis palmaire psoriasiforme simulant une trichophytie. — *Soc. de Médecine Coloniale*, 11 mars 1926.

Ce cas est surtout intéressant par son allure hautement trichophytoïde : lésion unilatérale, datant depuis trois ans, culture et examen négatifs, Bordet-Wassermann positif. La biopsie montre une papillomatose marquée et une infiltration très dense de lymphoïdes dans le derme, et autour des vaisseaux.

Un cas de réinfection syphilitique. — *Comité Médical*, novembre 1926.

Il s'agit d'un malade qui a contracté, en 1920, un chancre spécifique de la lèvre, avec ultra positif. Traité au vingtième jour par le novarsénobenzol seul, il n'a présenté par la suite aucun accident.

En 1926, il nous montre sur la verge une ulcération ayant débuté vingt-neuf jours après un coït suspect, et présentant tous les caractères du chancre induré. L'ultra est positif, il existe l'adénopathie habituelle. Le Bordet-Wassermann est positif.

Nous pensons que cette observation est réellement une observation de réinfection, car elle réunit toutes les conditions exigées par les Rapporteurs de cette question au dernier Congrès de Dermatologie de Bruxelles, c'est-à-dire, constatation certaine du premier chancre, traitement suffisamment précoce et prolongé, apparition du deuxième chancre sur un territoire lymphatique différent, constatation de l'adénopathie satellite et des tréponèmes dans le deuxième chancre.

Laboratoire

Coloration vitale des tréponèmes, avec le Dr Pringault. — *Marseille Médical*, 1er janvier 1922.

On a opposé souvent pour la recherche des tréponèmes, l'ultramicroscope et la coloration au Fontana-Tribondeau. Nos préférences vont nettement à la méthode ultramicroscopique, qui est plus rapide et ne nécessite pas de multiples manipulations chimiques. Un autre avantage de l'ultra, c'est que la recherche et le diagnostic des différents spirochètes est infiniment plus aisée. De plus, le Fontana-Tribondeau est loin d'être toujours fidèle.

On a essayé de rendre plus apparents les tréponèmes sur le fond noir de l'ultra. Œlze préconise, dans ce but, de diluer l'exsudat à examiner avec une goutte de solution aqueuse de bleu de Chine, mais l'eau distillée a l'inconvénient de tuer le tréponème, et pour cette raison nous avons été amenés à utiliser le bleu de Chine à 1/500e dans le sérum physiologique à 7,5/1.000e.

Les leucocytes apparaissent en petits amas bleutés, et ne produisent pas l'effet d'illumination en général si gênant dans l'examen ordinaire à l'ultra. Les spirilles sont colorés en rouge, cette coloration est due à des phénomènes de fluorescence. Les autres spirochètes, en particulier le refringens, présentent les mêmes phénomènes.

Wassermann et réaction de Gaté et Papacostas, avec le Dr Pringault. — *Marseille Médical*, 15 septembre 1922.

Parmi les méthodes qui ont été préconisées à côté du Bordet-Wassermann type pour le diagnostic sérologique de la syphilis, il faut faire une place à part à la formol-gélification, réaction présentée pour la première fois par Gaté et Papacostas à la Société de Biologie, en 1920. On sait qu'elle est basée sur la prise du sérum additionné de II gouttes de formol par centimètre cube.

Nous avons expérimenté cette méthode sur 1.072 sérums. Voici les résultats :

	Wassermann type	Noguchi	R. de Gaté
Réactions positives ...	502	629	457
Réactions douteuses ..	21	12	63
Réactions négatives ..	549	431	552

La réaction de Gaté a été trouvée positive par d'autres auteurs dans la tuberculose, certaines maladies aiguës et la blennorragie. On ne peut véritablement pas parler de sa spécificité, cependant elle concorde si souvent avec la réaction de Wassermann qu'elle peut être appelée à rendre de signalés services dans les colonies et dans les régions éloignées des laboratoires spécialisés.

Traitement de la syphilis

Note sur un cas de syphilis traité par le Salvarsan. Travail du Service de Dermatologie du Prof. Longin. — *Soc. des Médecins de la Côte d'Or*, janvier 1911.

Cette observation est une des premières qui furent publiées en France sur la thérapeutique de la syphilis par l'arsénobenzol (Salvarsan d'Herlich).

Le malade, qui présentait un chancre induré, une roséole et des syphilides papuleuses, reçut le 6 janvier 1911, 30 centigrammes de salvarsan en injection intraveineuse, dissous dans 200 centimètres cubes de sérum physiologique alcalinisé avec de la soude.

Le soir de l'injection, la température monte à 39°6 et s'accompagne de frissons.

Le 11 janvier, c'est-à-dire cinq jours après cette unique injection, la roséole a pâli, les papules du visage ont complètement disparu, et le chancre est en bonne voie de guérison.

Le traitement de la syphilis par le mercure associé au novarsénobenzol. Travail de la Clinique des maladies cutanées et vénériennes de la Faculté de Lyon. — *Thèse de Lyon*, août 1919, 104 pages (Mention : très bien, avec éloges).

La grande guerre a apporté parmi ses maux innombrables, une augmentation considérable de la syphilis, aussi dès 1918 on commence à considérer très attentivement le problème de la lutte contre le péril vénérien. L'empressement du Service de Santé à créer des Services spécialisés de Dermato-Vénéréologie et des Pouvoirs Publics à mettre sur pied des Centres de traitement gratuit, montrait que l'on avait enfin compris que le traitement intensif de la maladie était la meilleure et la seule efficace prophylaxie.

Mais ce traitement, intensif en 1919, n'était pas encore définitivement fixé. Certains syphiligraphes ne voulaient employer que le novarsénobenzol dans toutes les formes de la syphilis ; d'autres, au contraire, revenaient au vieux mercure et proposaient d'associer le médicament rapide au médicament de fond, le novarsénobenzol au mercure.

Nous avons cru intéressant de rechercher par une expérience impartiale les avantages et les inconvénients de cette association, de ce *traitement conjugué*, suivant l'expression de l'un de ses promoteurs les plus convaincus, le Dr Favre. Nous avons eu à notre disposition un grand nombre de malades, soit au centre dermato-vénéréologique de la XIVe Région, Hôpital Desgenettes à Lyon, soit à la clinique de l'Antiquaille, dans le service de notre Maître le Professeur Nicolas.

Nous avons étudié cette question du traitement conjugué uniquement au point de vue de *l'avantage qu'il présente sur la médication novarsénobenzolique seule, en ce qui concerne les incidents et accidents consécutifs aux injections arsenicales.*

Les malades étaient divisés en deux groupes : ceux qui étaient traités par le novarsénobenzol seul et ceux qui étaient soumis au traitement conjugué. Dans les deux cas, on notait le nombre et la nature des injections, leurs doses, tous les incidents locaux ou généraux, la température, les urines, etc.

Les malades traités par le novarsénobenzol seul recevaient quatre injections de novarsénobenzol Billon aux doses de 0 gr. 30, 0,45, 0,60, 0,75 espacées de huit jours.

Les malades traités par la méthode conjuguée recevaient d'abord, pendant quatre jours, une injection mercurielle de 4 centigr. de biiodure intra-musculaire ou 2 centigr. de cyanure intraveineux ; puis on pratiquait la première des injections de novarséno, et entre chacune de celle-ci, espacées de huit jours, on faisait deux injections mercurielles.

Nous avons soigné ainsi un nombre important de malades. Nous donnions dans ce travail 68 observations complètes.

Voici les résultats de nos observations et de nos faits :

Malades traités par le novarsénobenzol seul

Sur 35 malades,	réaction très forte	5
»	réaction forte	13
»	réaction faible	13
»	réaction nulle	4

Malades soumis au traitement conjugué

Sur 32 malades,	réaction très forte..........	0
»	réaction forte..............	5
»	réaction faible..............	10
»	réaction nulle...............	17

Si, de plus, on tient compte des résultats obtenus dans les catégories syphilis primaire et syphilis secondaire, on peut conclure de l'observation de nos malades :

1° *Que la proportion totale des accidents réactionnels observés chez les malades traités par le novarsénobenzol seul, s'est montrée dans nos cas de 51 % et de 15,5 % chez les malades soumis au traitement conjugué arséno-mercuriel ;*

2° *Que l'atténuation des accidents du fait de la médication conjuguée est plus nette chez les syphilitiques secondaires que chez les syphilitiques primaires.*

Nature des réactions. — Les réactions observées par nous parmi les malades de la première catégorie surviennent le plus souvent après la première infection, quelquefois après la troisième. Elles consistent le plus souvent en élévation thermique, céphalée, courbature, nausées, dyspnée, réactions congestives locales, réactions d'Herxheimer (Fig. 40).

Dans les observations des malades de la deuxième catégorie, on ne rencontre plus de ces réactions après les injections de novarsénobenzol. Il est vrai que l'on en observe une après la première injections mercurielle, mais celle-ci est infiniment moins sérieuse, et si quelquefois l'ascension thermique est assez importante, elle n'est jamais suivie de ces phénomènes généraux plus ou moins pénibles observés après le novarsénobenzol employé seul (Fig. 41).

Il semble donc que la petite réaction due au mercure se substitue à celle plus forte du novarsénobenzol, puisque après celui-ci on n'observe plus que des réactions dont la bénignité est manifeste.

*
* *

On a formulé certaines critiques à cette méthode, en particulier la possibilité de léser plus ou moins gravement le foie

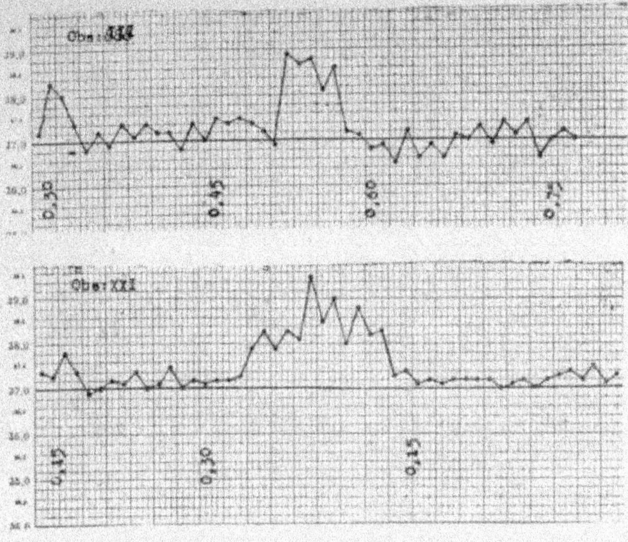

Fig. 40. — *Traitement arsenical pur.*
Réactions avec vomissements, courbature aux deux premières injections.

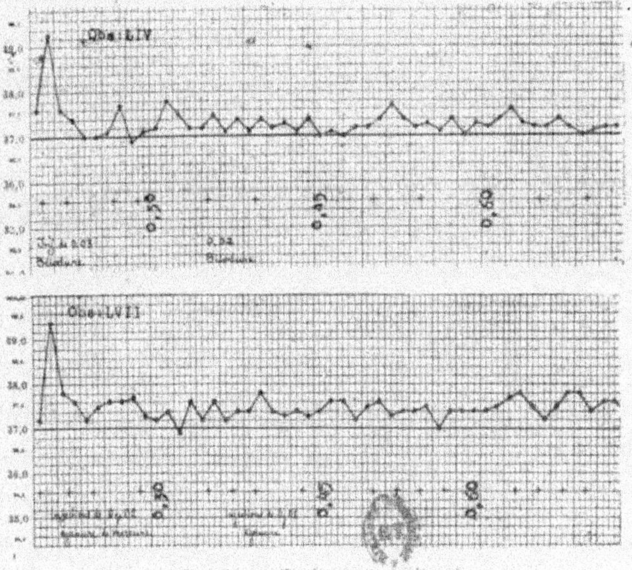

Fig. 41. — *Traitement conjugué.*
Réaction assez légère à la première injection mercurielle.
Pas de réaction après les injections arsénobenzoliques.

et le rein sous la double attaque novarsénobenzolique et mercurielle. A vrai dire, sur aucun de nos malades nous n'avons observé de signes de déficience de ces organes, et tous les autres syphiligraphes qui ont expérimenté cette méthode ont pu se rendre compte que sa parfaite inocuité.

En pratique, on devra y recourir chaque fois qu'il sera possible de faire plusieurs injections par semaine.

Dès la fin de la guerre, le Service de Santé la prescrivait et nous avions conclu que le traitement conjugué est une méthode exempte de danger, qui utilise et combine l'action thérapeutique des deux spécifiques vrais de la syphilis et qui diminue leur toxicité respective.

Notre rôle s'est borné à apporter les résultats d'un certain nombre d'observations, prises en toute impartialité, mais devant eux nous devons croire *qu'à l'heure actuelle (1919) la méthode conjugée est la meilleure formule de traitement de la syphilis.*

Syphilome du testicule traité par le citrate de bismuth, avec MM. Artaud et Creisson. — *Comité Médical,* 16 février 1923.

Le malade, âgé de 40 ans, présentait un très volumineux syphilome du testicule gauche. L'ulcération s'était produite en avant des bourses et par l'ouverture apparaissait le testicule d'aspect bourbillonneux.

Une série d'injections intramusculaires de citrate de Bi (sel préparé par le Laboratoire du Prof. Fabrègue) amena très rapidement, en 17 jours, l'élimination complète du testicule nécrosé et la réparation des tissus.

Syphilides arséno et mercuro-résistantes guéries par l'iodobismuthate, avec M. Moutte. — *Marseille Médical* 1923, page 75.

Il s'agissait d'une malade qui présentait des syphilides érosives et hypertrophiques des commissures, des sillons nasogéniens et du menton. Malgré un traitement extrêmement intense pendant 8 mois, puisque l'on totalisa plus de 7 grammes de novarsénobenzol et 0 gr. 50 de sels mercuriels divers, ces lésions restèrent remarquablement fixes.

On met alors la malade au traitement bismuthique tout récemment introduit dans la thérapeutique antispécifique. On fit tous les deux jours une injection intramusculaire d'iodo-bismuthate de quinine de 3 centicubes.

A la seizième injection, toutes les lésions ont disparu. Le Wassermann est négatif.

Ce cas de syphilis arséno et mercuro résistant est particulièrement intéressant, car 10 mois après le début du premier traitement on retrouvait encore à l'ultra des tréponèmes sur les lésions. Cependant le bismuth en a amené la guérison en moins d'un mois.

APPLICATIONS MÉDICALES DE LA LUMIÈRE DE WOOD

La lumière ultra-violette de Wood. Ses propriétés, ses applications en hygiène, en ophtalmologie et en dermatologie. — *Conférence au Comité Médical*, 26 février 1926.

Emploi de la lumière de Wood en ophtalmologie, avec le Prof. Aubaret. — *Comité Médical*, 14 mai 1926.

Dans cette conférence, il nous fut possible de répéter sous l'écran de Wood un grand nombre d'expériences de fluorescence. L'écran de Wood, verre spécial à base d'oxyde de nickel, ne laisse passer que les radiations ultra-violettes voisines de la raie 3.650 Angströms (un Angström est égal à un dix millionième de millimètre). La lumière de Wood est parfaitement invisible, mais elle présente cette curieuse propriété d'exciter la fluorescence dans certains corps.

C'est ainsi que l'hyposulfite de soude, les sels de quinine, le salicylate de soude présentent des fluorescences extrêmement vives. Le talc est violet, la craie pourpre, l'oxyde de zinc jaune.

Les laits, les beurres, les huiles présentent, suivant leur provenance, des fluorescences différentes. Un œuf du jour est pourpre, un œuf plus ancien est rose passé. Les diverses farines ont des fluorescences différentes.

En médecine, son intérêt est grand pour l'analyse des urines, des liquides céphalo-rachidiens, etc...

En ophtalmologie, nous avons montré avec le Professeur Aubaret, l'aspect très particulier que prend le cristallin exposé au rayonnement de Wood, ainsi que l'aspect des cataractes, et des kératites. Cette étude est du plus haut intérêt, et doit faire l'objet de travaux spéciaux de M. Aubaret.

Les calculs sont également très curieux à étudier (Communication du Prof. Reynès au Congrès d'Urologie, en octobre 1926).

En dermatologie, le tégument est noirâtre, les ongles et les dents d'un beau blanc. Les squames, les parakératoses sont blanches, etc...

On peut les utiliser aussi pour diagnostiquer au début les radiodermites chroniques, qui apparaissent particulièrement brillantes.

Emploi de la lumière ultra-violette de Wood pour le dépistage des teignes. — *Congrès des Dermatologistes et Syphiligraphes de Langue Française*, Bruxelles, juillet 1926, et *Marseille Médical* 1926, page 1765.

Le favus en lumière para-ultra-violette de Wood. *pour la Société de Dermatologie.*

Quand, sur les conseils du Professeur Pech, de Montpellier, nous examinâmes toutes sortes de dermatoses sous le rayonnement de Wood, nous nous aperçûmes assez vite que cette méthode ne présentait vraiment pas grand intérêt, sauf pour les affections du cuir chevelu, où elle présente des particularités particulièrement intéressantes.

Le cuir chevelu sain ne présente sous l'écran de Wood, qu'une très faible fluorescence avec une couleur violacée sombre.

Tout au contraire, on est frappé de l'aspect particulier et étrange que prend le cuir chevelu atteint de teigne. Sur le fond sombre apparaissent, avec une netteté surprenante, *des plaques petites ou grandes, douées d'une très vive fluorescence bleu verdâtre.* En examinant plus attentivement ces plaques, on voit que le vif éclat qu'elles présentent ne provient pas des squames ou de sa surface, mais des cheveux eux-mêmes, ils sont couchés dans le même sens et forment de véritables hachures brillantes, se détachant nettement sur le fond sombre.

Tout autour des plaques, par petits bouquets ou même isolés, se voient des cheveux brillants.

A la loupe, on voit que la *fluorescence siège surtout sur la gaine* ; elle est bleuâtre en son milieu, plus verte à ses deux extrémités. Immergé dans l'éther, le cheveu ne perd rien de sa fluorescence.

Le cheveu normal est au contraire très peu visible. Imprégné de pommade ou de vaseline, il devient fluorescent, mais un peu d'éther suffit à lui enlever toute luminosité (Fig. 42).

Après éclaircissement à la potasse, le cheveu brillant montre toujours une fluorescence verdâtre, mais on ne peut déceler des détails nets, même sur une préparation où, à la lumière ordinaire, se voient spores et filaments. Les cultures sont peu fluorescentes. Celles du microsporon légèrement violacées, celles du trichophyton plus lumineuses, tranchant mieux sur l'opalescence gris verdâtre de la gélose.

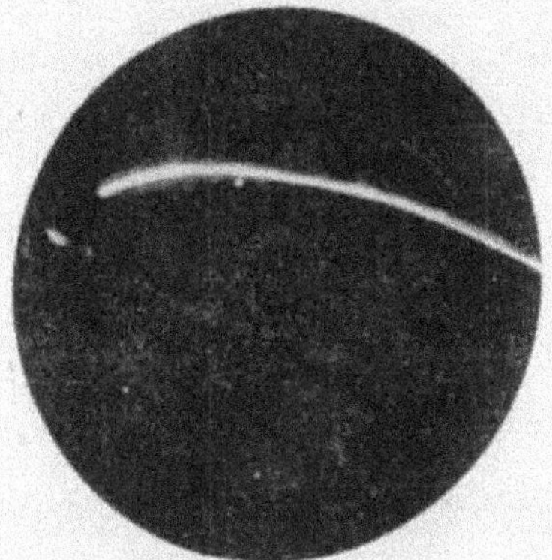

Fig. 42. — *Cheveu teigneux et cheveux sain.*

En haut, un cheveu teigneux fluorescent (A noter le halo lumineux qui l'entoure).
En bas, un cheveu normal.

Nos premières recherches portèrent sur une cinquantaine de cas. Chaque fois, le cuir chevelu était examiné en lumière naturelle, puis en lumière de Wood. On prélevait à la pince des cheveux brillants et des cheveux sombres. Chacun d'eux était l'objet d'un examen microscopique après éclaircissement, et d'une culture sur milieu d'épreuve.

Les observations concordent d'une façon parfaite ; dans tous les cas, nous avons pu constater :

Que le cheveu fluorescent est toujours contaminé.

Que le cheveu non fluorescent n'est pas contaminé.

Que la disparition totale des points brillants est le critérium de la guérison.

Les différentes teignes ont des aspects divers :

Dans les *microspories*, les cheveux fluorescents donnent à la plaque sa teinte vive bleuâtre. Le cheveu malade isolé est très brillant. *Sa découverte pratiquement impossible à la lumière du jour, est sous l'écran de Wood d'une facilité étonnante*, car il apparaît au milieu des autres cheveux, avec la même éclatante netteté qu'un vers luisant dans l'herbe par une nuit sombre.

Dans les *trichophyties*, le cheveu est cassé plus court, inclus dans la squame ; sa fluorescence verdâtre tranche nettement au-dessus des squames lilas clair.

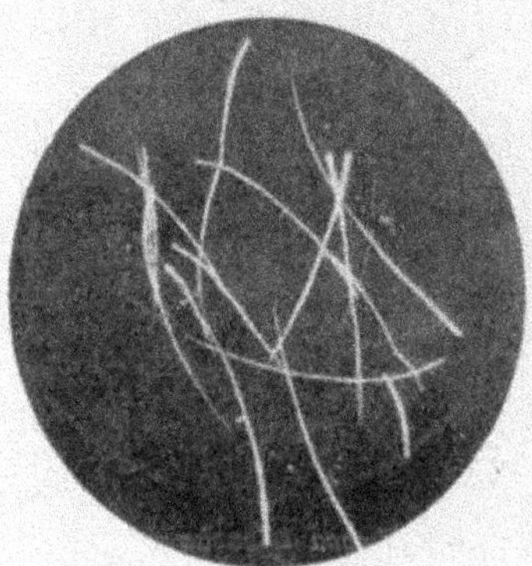

FIG. 43. — *Cheveux fluorescents*. Microsporie.

Dans les *trichophyties de la peau glabre*, la bordure de la plaque formée de vésicules est assez peu visible, malgré la présence de filaments parasitaires dans le toit de ces vésicules.

Dans le *favus*, on note un aspect un peu particulier. Le cheveu malade est brillant, mais beaucoup moins que dans les microspories, par exemple. Le cuir chevelu n'a plus l'aspect extrêmement brillant, mais plutôt vaguement lumineux sale.

Les godets sont jaunes vifs, et semblent plus visibles sur le fond violacé des squames qui recouvrent le cuir chevelu.

Il est extrêmement difficile de rendre de tels aspects en photographie, cependant en utilisant des écrans à l'æsculine, nous avons pu obtenir ces photographies.

En résumé, quand on examine le cuir chevelu d'un enfant à la lumière de Wood, quatre cas peuvent se présenter :

1° Observation de nombreuses squames blanc-jaunâtre : *parakératoses ou croûtes ;*

2° Observation de grandes plaques lumineuses : *teigne à la période d'état ;*

3° Observation de petits bouquets de cheveux malades, ou même de cheveux isolés. C'est ici que s'affirme l'intérêt de la méthode, car *seule la lumière de Wood permet de les déceler rapidement* et sûrement ;

Fig. 44. — *Cheveux fluorescents* (verdâtres, squasmes, lilas clair). Trichophytie.

4° Observation de quelques cheveux encore lumineux, en bordure sur des sujets déjà traités.

Dans ces quatre cas, la lumière de Wood apporte des facilités considérables de diagnostic rapide, aussi l'employons-nous systématiquement et avec succès chez tous nos petits malades.

Utilisation pour le dépistage des teignes. — Mais, puisque la lumière de Wood permet de déceler des cheveux malades, même isolés, il venait tout naturellement à l'esprit d'utiliser cette méthode pour dépister la maladie dès son début.

C'est un Orphelinat de Marseille qui nous fournissait le plus grand nombre de cas de teigne. Cette endémie durait depuis plus de 30 ans. Nous demandâmes à la Mère Supérieure d'examiner tous ses enfants.

111 enfants défilèrent sous l'écran ; 20 présentaient de petites plaques brillantes ; 7 quelques cheveux disséminés, un d'entre eux en particulier ne montrait qu'un seul cheveu fluorescent. En outre, 3 enfants qui avaient été déjà épilés présentaient en bordure de leur épilation quelques cheveux encore brillants, témoins de la persistance de l'infection, au total, sur 111 enfants, 30 cas de teignes encore en évolution, toutes dues au Microsporon Audouini.

Ces faits ont la valeur d'une véritable expérience, car depuis cette visite générale suivie, bien entendu, d'un traitement des cuirs chevelus malades, la sœur infirmière, dont l'œil est très averti et très habitué, n'a pas eu à nous ramener des cas suspects de teigne.

Le traitement est aussi facilité par ce mode d'examen, car si la plaque est unique, sans essaimage tout autour, une épilation localisée aux rayons X suffit, et quand il n'y a que quelques cheveux épars, l'enlèvement des cheveux à la pince suivi d'application de teinture d'iode suffit, comme nous l'avons observé plusieurs fois, à assurer la guérison.

Il n'est pas jusqu'au certificat final de rentrée en classe que cet examen ne facilite. Ceux qui ont eu à faire de semblables certificats, savent combien il est difficile d'affirmer la guérison. La lumière de Wood peut donner cette certitude en quelques minutes.

Aussi ces expériences et leur application au dépistage et à la guérison d'une vieille épidémie de teigne, nous permettent, semble-t-il, de conclure que nous trouvons *dans la méthode d'examen du cuir chevelu de l'enfant à la lumière de Wood, un procédé d'investigation d'un intérêt capital.* Il rendra de signalés services dans le diagnostic précoce, dans la surveillance du traitement et pour la délivrance des certificats de guérison. A ce titre, il serait désirable que les services d'Inspection Médicale des Ecoles soient dotés de l'instrumentation nécessaire, pour mettre en œuvre ce procédé si précieux.

COLLECTIONS DESTINÉES A ÊTRE UTILISÉES POUR L'ENSEIGNEMENT

En dehors des travaux purement scientifiques ou didactiques exposés plus haut, nous nous sommes attachés, depuis notre entrée dans le service de dermatologie de la Conception, à réunir un certain nombre de collections.

1° Collection de moulages en cire colorée

Cette collection personnelle comporte actuellement plus d'une cinquantaine de moulages destinés à être utilisés pour l'enseignement. Ils sont uniquement affectés à la dermato-vénéréologie. Un assez grand nombre représentent des épithéliomas de la peau.

Un de leur principal intérêt réside dans ce fait qu'ils représentent des lésions pour lesquelles il existe dans le service observations, photographies et le plus souvent examen histologique.

2° Collection mycologique

Cette collection comporte des préparations microscopiques et des cultures des diverses teignes rencontrées en clinique dermatologique. Ces cultures typiques sont conservées en tubes fermés et sont inaltérables.

La plupart des souches proviennent du Laboratoire Sabouraud à l'Hôpital Saint-Louis.

3° Collection de préparations d'anatomie pathologique dermatologique

Cette collection, également destinée à l'enseignement, comprend des préparations microscopiques provenant du service de dermatologie de l'Hôpital de l'Antiquaille, du Laboratoire du service du docteur Darier à l'Hôpital Saint-Louis, et surtout du service de dermatologie de l'Hôpital de la Conception à Marseille.

Nous avons pu réunir, pour cette collection, des préparations, avec colorations différentes, de plus de 1.000 prélèvements.

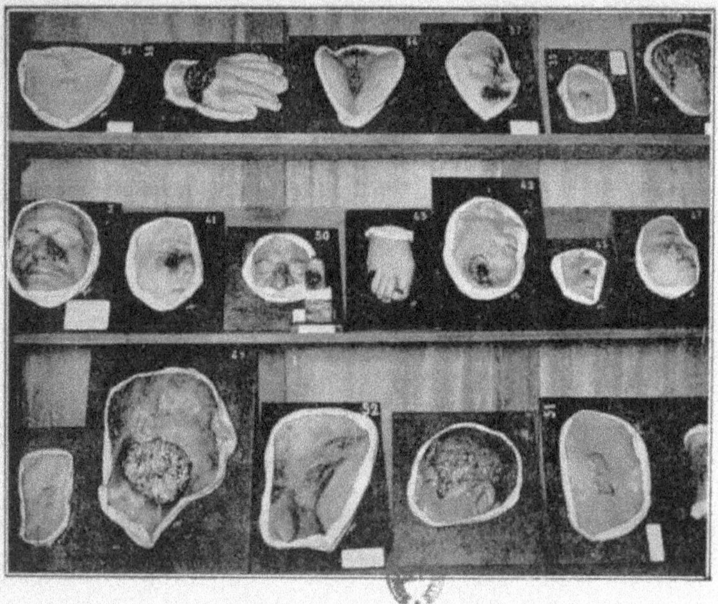

Fig. 45. — *Quelques-uns des moulages de notre collection.*

www.ingramcontent.com/pod-product-compliance
Ingram Content Group UK Ltd.
Pitfield, Milton Keynes, MK11 3LW, UK
UKHW020340180726
13839UKWH00002B/820